U. David
Mai '81

rowohlts
monographien
herausgegeben
von
Kurt Kusenberg

Sokrates

in Selbstzeugnissen
und Bilddokumenten
dargestellt von
Gottfried Martin

rowohlts bildmonographien

Rowohlt

Dieser Band wurde eigens für «rowohlts monographien» geschrieben
Die Zeittafel und die Bibliographie besorgte Gerhard Vollmer,
die Zeugnisse der Autor
Herausgeber: Kurt Kusenberg · Redaktion: Beate Möhring
Umschlagentwurf: Werner Rebhuhn
Vorderseite: Sokrates. Spätklassisch (British Museum, London)
Rückseite: Sogenannte trauernde Athene
Weihrelief von der Akropolis (Athen, Akropolis-Museum)

Veröffentlicht im Rowohlt Taschenbuch Verlag GmbH,
Reinbek bei Hamburg, März 1967

Gesetzt aus der Linotype-Aldus-Buchschrift
und der Palatino (D. Stempel AG)
Gesamtherstellung Clausen & Bosse, Leck
Printed in Germany
680-ISBN 3 499 50128 7

1.–50. Tausend	1967–1978
51.–55. Tausend	Mai 1980

Inhalt

Sokrates. Spätklassisch. Rom, Museo Nazionale delle Terme

SOKRATES DER UNERGRÜNDLICHE

Sokrates nimmt ein Wort auf, das die Athener von ihm sagten und charakterisiert sich selbst damit: *Unergründlich bin ich und ich bringe es dahin, daß die Menschen nicht mehr weiter wissen.*

Dies Wort ist mit griechischer Treffsicherheit geprägt und nicht leicht zu übersetzen. Schleiermacher gibt folgende Übersetzung: *Wisse dann, dem ist so. Verrate mich aber nicht damit gegen die andern, denn es weiß niemand von mir, Freund, daß ich diese Kunst besitze. Da es nun die Leute nicht wissen: so sagen sie mir auch dieses zwar nicht nach, wohl aber, daß ich der wunderlichste aller Menschen wäre und alle in Verwirrung brächte. Gewiß hast du das auch gehört?* («Theaitetos» 149 a / IV, 113.) *

Das griechische Wort lautet «atopotatos»; es ist der Superlativ von «atopos». Die Vorsilbe «a» ist ein Alpha privativum, der Stamm ist das griechische Wort «topos» = der Ort, der Platz, das in manchen Formen in die deutsche Sprache übergegangen ist. So bedeutet das zusammengesetzte Wort «atopos», daß etwas nicht an seinem richtigen Ort, nicht an seinem richtigen Platz ist, und daß es deshalb auffällt, daß es befremdlich ist. Wenn Schleiermacher also übersetzt: *daß ich der wunderlichste aller Menschen wäre,* so gibt er damit die Bedeutung des griechischen Wortes genau wieder. Aber man möchte doch den Anschauungsgehalt dieses Wortes gern auch in der Übersetzung erhalten, und zwar sowohl den räumlichen Kern des Wortes als auch das Alpha privativum der Vorsilbe. Ich ziehe deshalb die Übersetzung «unergründlich» vor, weil sie sowohl die negierende Vorsilbe, als auch im Stamm «Grund» den räumlichen Stamm erhält. Dann muß man allerdings wohl den Superlativ aufgeben, da das Wort «unergründlich» im Deutschen in gewissem Sinne bereits den Charakter eines Superlativs hat. An sich könnte man auch noch den Superlativ erhalten, wenn man übersetzen würde: *der unergründlichste bin ich,* aber dies wäre doch wohl im Deutschen etwas zu stark.

Nicht weniger leicht ist der zweite Teil des Satzes zu übersetzen. Der Kern ist das Verbum «aporein». Das zu diesem Verbum gehörende Substantiv «aporia» ist als das Fremdwort «Aporie» in den deutschen Sprachgebrauch eingegangen und kann vielleicht schon als Lehnwort bezeichnet werden. Versucht man zu übersetzen, so findet man, daß auch hier das Wort mit einem Alpha privativum beginnt und daß ein räumlicher Stamm folgt. Dieser Stamm «poros» bedeutet den Weg durch einen Fluß, also eine Furt, aber auch eine Meerenge, durch die man das Meer bequem überqueren kann, schließlich auch alle Bahnen, auf denen man das Meer befahren kann. Von

* Die Platon-Stellen sind nach der Seitenzahl der Stephanus-Ausgabe zitiert. Hinter jedem Zitat ist die entsprechende Bandnummer und Seitenzahl der deutschen Platon-Ausgabe in der Taschenbuchreihe «Rowohlts Klassiker» vermerkt.

der Bedeutung «für eine Durchfahrt offen sein» entsteht dann die Bedeutung, die im Lehnwort des deutschen Sprachgebrauchs «die Poren der Haut» übernommen ist. Dann bedeutet also «aporein»: keine Durchfahrt mehr haben, nicht mehr wissen, wie man weiterkommen kann, weil man keinen Weg mehr vor sich sieht. Wenn Schleiermacher übersetzt: *und alle in Verwirrung brächte,* dann hat er sich auch hier wiederum genau an die entfaltete griechische Wortbedeutung gehalten. Er hat aber auch hier wieder den anschaulichen Charakter des griechischen Ausdrucks aufgegeben. Diesen anschaulichen Charakter des griechischen Wortes könnte man wenigstens teilweise erhalten, wenn man übersetzen würde *und ich bringe es dahin, daß die Menschen nicht mehr weiter wissen.*

Wir nehmen nun an, daß es richtig ist, wenn die Athener Sokrates so gesehen haben, und daß es richtig ist, wenn Sokrates dies Wort der Athener als eine Selbstinterpretation aufgenommen hat. Wenn Sokrates sich so als der Unergründliche versteht, und wenn Sokrates wirklich unergründlich ist, dann müssen sich freilich jeder Darstellung Schwierigkeiten in den Weg stellen. Es gibt Darstellungen, besonders aus dem 19. Jahrhundert, die Sokrates völlig ergründen, die ihn etwa als den Apostel eines griechischen Humanismus verstehen wollen. Für uns aber ist das Wort aus dem «Theaitetos» die grundlegende Charakterisierung. Von diesem Wort her Sokrates verstehen, heißt: ihn als unergründlich verstehen. Von diesem Wort her Sokrates verstehen, heißt: ihn als unverstehbar verstehen.

DIE QUELLEN

Die Unergründlichkeit dieses Mannes beginnt bereits mit der Frage nach der Geschichtlichkeit seiner Gestalt. Von Sokrates selbst ist uns schriftlich nichts überliefert. Keine Nachricht deutet darauf hin, daß er selbst etwas geschrieben hat. So haben wir nur Berichte über ihn. Dies sind in erster Linie die Berichte der Philosophen, insbesondere seiner Schüler. Eine zweite Gruppe von Quellen bilden die zeitgenössischen Dichter, die ihn zum Thema gewählt haben, unter ihnen Aristophanes. Und schließlich stellt sich die Frage, ob die zahlreichen Darstellungen des Sokrates in der bildenden Kunst einen Quellenwert haben.

Bei den Berichten der Philosophen, soweit sie uns in vollständigen Werken und nicht nur in Fragmenten erhalten sind, handelt es sich um Platon, Xenophon und Aristoteles. Hier ist es Platon, der uns die bei weitem umfangreichsten, aber auch die weitaus wichtigsten Zeugnisse gibt. Vier Dialoge Platons beschäftigen sich unmittelbar mit dem Tode des Sokrates. Im Dialog «Euthyphron» ist Sokrates im Begriff, zum Gericht zu gehen. Dort war eine Anklage wegen Gottlosigkeit und Jugendverführung gegen ihn erhoben worden. Sokrates trifft den Priester Euthyphron und erörtert mit ihm die Frage, was Frömmigkeit ist. In der «Apologie» gibt Platon die Reden wieder, mit denen Sokrates sich im Jahre 399 vor dem Gericht verteidigt. Er wird zum Tode verurteilt und ins Gefängnis gebracht. Im Dialog «Kriton» versucht Kriton, ein alter Freund, den Sokrates zur Flucht zu überreden und sich so der Vollstreckung des Urteils zu entziehen. Sokrates lehnt diesen Vorschlag ab, er wird sich dem Urteil unterwerfen. Im «Phaidon» schließlich stellt Platon den Todestag des Sokrates dar. Am Morgen kommen die Freunde, um den letzten Tag ihres geliebten Meisters im Gespräch mit ihm zu verbringen. Bei Sonnenuntergang trinkt Sokrates den tödlichen Giftbecher. Platon schließt den «Phaidon» mit den Worten: «Dies, o Echekrates, war das Ende unseres Freundes, des Mannes, der unserm Urteil nach von den damaligen, mit denen wir es versucht haben, der trefflichste war, und auch sonst der vernünftigste und gerechteste.» («Phaidon» 118 a / III, 66.)

In diesen vier Dialogen erwähnt Platon sich selbst zweimal. Beim Prozeß gegen Sokrates ist Platon zugegen; er ist bereit, zusammen mit anderen Freunden für eine etwaige Geldstrafe Bürgschaft zu leisten («Apologie» 38 b / I, 28). Am Todestag ist Platon nicht zugegen. Als Phaidon die Teilnehmer des Gespräches aufzählt, sagt er: «Platon aber, glaube ich, war krank.» («Phaidon» 59 b / III, 12.) Es ging wohl über die Kraft Platons, seinen über alles geliebten Meister sterben zu sehen.

Über diese vier Dialoge hinaus, die einen zusammenhängenden Bericht von der Verurteilung und dem Tod des Sokrates bilden, tritt Sokrates in fast allen Dialogen Platons auf. Diese Dialoge sind Gespräche, und Sokrates ist der Träger des Gesprächs. Man kann die Dialoge Platons in drei Gruppen gliedern: in die frühen, die mittleren und die späten Dialoge. Die frühen Dialoge werden auch als die sokratischen bezeichnet. Sie geben, wenn man sie als historische Dokumente nimmt, ein lebendiges Bild des sokratischen Gesprächs. Ich nenne hier besonders den Dialog «Laches», von dem ich in der Folge einen wichtigen Teil wiedergeben und interpretieren werde. Die Ideenlehre kommt in diesen frühen Dialogen als feste Lehre nicht vor. Soweit sich gelegentliche Bezüge finden, kann man sie – je nach dem Standpunkt des Interpreten – nur entweder als Anspielungen auf eine schon vorhandene Ideenlehre oder als Andeutungen einer sich entwickelnden Ideenlehre auffassen. Es sind die mittleren Dialoge, die die Ideenlehre in aller Form bringen, und deren eigentlicher Inhalt die Ideenlehre ist. Ich nenne unter ihnen in erster Linie den «Phaidon» und den «Staat». Dabei kann man nicht verkennen, daß etwa im «Staat» die Lebendigkeit des Dialogs bereits nachläßt. Die späten Dialoge schließlich haben den Sinn der Wissenschaft und den Sinn der Ideenlehre zum Thema. Hier verschwindet der Charakter des Gesprächs fast ganz und in dem letzten, vielleicht unvollendeten Werk Platons, den «Gesetzen», tritt Sokrates überhaupt nicht mehr auf.

Die zweite wichtige Quelle ist Xenophon, der zu Beginn des Pelo-

Platon. Rom, Vatikan

ponnesischen Krieges um das Jahr 430 geboren wurde. Er stammte aus einer vornehmen athenischen Familie und erhielt die umfassende Erziehung, die diese Familien ihren Söhnen zuteil werden ließen. Als Jüngling lernt er Sokrates kennen und rechnet sich bald zu seinen begeisterten Verehrern. Als Kyros der Jüngere gegen den persischen König Artaxerxes einen Aufstand plant und dazu griechische Söldner anwerben läßt, will auch der junge Xenophon an diesem Kriegszug teilnehmen. Er bittet Sokrates um Rat, und Sokrates rät ihm, das Orakel in Delphi zu befragen. Xenophon nimmt an dem Feldzug teil. Das Heer gelangt in die Nähe von Babylon, wird aber 401 bei Kunaxa geschlagen. Kyros fällt, und mit Hilfe von Verrätern ermorden die Perser die zehn Feldherrn der Griechen. Xenophon übernimmt die Führung, und es gelingt ihm, durch viele Abenteuer und Gefahren das Heer zu retten und an das Schwarze Meer zu führen. Xenophon hat diese Heimkehr in seiner berühmten «Anabasis» geschildert. Infolge dieses Feldzugs ist er zur Zeit des Todes Sokrates' weit von Athen. Nach seiner Rückkehr wird er wegen seiner freundlichen Haltung gegenüber den Spartanern verbannt. Auf einem Landgut in der Peloponnes verfaßt er eine Reihe von Schriften, darunter auch seine Erinnerungen an Sokrates, die gewöhnlich unter dem lateinischen Titel «Memorabilia» zitiert werden. Wir werden den Xenophontischen Erinnerungen eine ganze Reihe von Stellen entnehmen.

Die dritte bedeutende Quelle ist Aristophanes, der im Jahre 423 unter dem Titel «Die Wolken» eine Komödie verfaßt hat, in deren Mittelpunkt Sokrates steht.

Als vierte Hauptquelle darf man Aristoteles betrachten, der 367 in die Platonische Akademie eintrat, also etwa ein Menschenalter nach dem Tode des Sokrates nach Athen gekommen ist und dort vielen Menschen begegnet sein muß, die Sokrates noch gekannt haben, unter ihnen natürlich in erster Linie Platon. Aristoteles spricht an vielen Stellen von Sokrates, und wir werden eine Reihe dieser Stellen heranziehen. Das Wichtigste ist seine Geschichte der griechischen Philosophie, die im ersten Buch der Metaphysik steht. Dort hat Aristoteles die philosophische Bedeutung des Sokrates, so wie er sie sieht, genau dargestellt.

Außer diesen vier uns erhaltenen Hauptquellen hat es noch eine ganze Reihe von Schriften über Sokrates gegeben, von denen aber nur Fragmente erhalten sind. Dazu treten Einzelaussagen, die sich an vielen Stellen verstreut finden.

Es stellt sich nun die Frage, ob aus diesen Quellen ein zuverlässiges Bild des historischen Sokrates zu gewinnen ist. Zunächst steht außer Zweifel, daß die Aussagen der verschiedenen Quellen sehr voneinander differieren. Am wenigsten gilt dies von den Darstellungen des Aristoteles und des Platon. Diese beiden Darstellungen sind einigermaßen auf einen gemeinsamen Nenner zu bringen. Stark abweichend dagegen ist das Bild, das Xenophon von Sokrates gibt, und völlig anders zeichnet ihn Aristophanes in seiner Komödie. Die Darstellung Platons ist die wichtigste. Sie ist aber schon in sich selbst problematisch, weil (wir wiesen schon darauf hin) fast in sämtlichen Dialogen Platons Sokrates der Hauptsprecher ist, so daß Platon nahezu alles, was er sagt, durch Sokrates sagen läßt. Damit erhebt sich natürlich die Frage, ob tatsächlich alles, was Platon durch Sokrates sagen läßt, ein historischer Bericht ist über das, was Sokrates wirklich gesagt hat, oder ob Platon selber dies hat sagen wollen.

So ist es denn verständlich, daß die Ansichten der Sachkenner sehr differieren. Es stehen sich drei Meinungen gegenüber. Die erste bestreitet die Geschichtlichkeit des Sokrates, die entgegengesetzte zwei-

Xenophon. Alexandria, Museum

te Meinung erklärt insbesonders alles, was Platon über Sokrates sagt und durch Sokrates sagen läßt, für eine historische Darstellung. Die dritte Meinung schließlich räumt ein, daß an vielen Stellen Platon seine eigene Philosophie durch Sokrates aussprechen läßt, daß aber eine ganze Reihe anderer Stellen in den Platonischen Dialogen, an denen Sokrates spricht, von Platon als ein Bericht über seinen geliebten Lehrer gedacht sind.

Die erste Meinung braucht zunächst nichts weiter als Skepsis zu bekunden. So etwa hat sich Hermann Diels [1]* ausgesprochen: Nach seiner Ansicht sind die Berichte über Sokrates einfach dermaßen widersprechend, daß es unmöglich ist, ein sicheres Bild des historischen

* Die hochgestellten Ziffern verweisen auf die Anmerkungen S. 148.

Sog. Aristophanes. Florenz, Uffizien

Sokrates zu gewinnen. Eine neuere Untersuchung des Problems durch Gigon geht weit über dieses vorsichtige Urteil hinaus. Gigon [2] will nicht bestreiten, daß es in Athen einen Mann namens Sokrates gegeben hat, der im Jahre 399 zum Tode verurteilt und hingerichtet wurde. Aber was dieser Mann war, ist uns völlig unbekannt. Der Sokrates, so wie wir ihn vor uns haben, ist eine dichterische Figur, etwa der Figur des Dr. Faustus vergleichbar. Da der Philosoph Sokrates eine von den verschiedenen Sokratikern, und unter ihnen insbesondere von Platon, frei geschaffene Figur ist, sind auch die vielen Widersprüche in den verschiedenen Darstellungen verständlich, und allein so sind sie verständlich.

Genau den entgegengesetzten Standpunkt vertreten einige englische Sachkenner, unter ihnen in erster Linie Burnet [3] und Taylor [4]. Sie gehören durch ihre Editionen der Platonischen Dialoge ebenso wie durch ihre Untersuchungen über die Form und den Inhalt der Platonischen Philosophie zu den besten und den angesehensten Sachkennern. Sie sind der Meinung, daß alles, was Sokrates in den Platonischen Dialogen sagt, nach der Absicht Platons einen Bericht darstellen will, und dem Ergebnis nach auch einen Bericht darstellt. Dies hat freilich zur Folge, daß fast die gesamte in den Platonischen Dialogen gegebene Philosophie zum philosophischen Werk des Sokrates wird und daß Platon demnach der bloß Berichtende ist.

Einen mittleren Standpunkt hat schon lange, ehe die Extreme in dieser Schärfe entwickelt wurden, Schleiermacher[5] eingenommen. Er glaubt, daß an vielen Stellen in den Platonischen Dialogen das, was Sokrates sagt, von Platon als Bericht gedacht ist. An vielen anderen Stellen aber legt Platon seine eigene Philosophie dem Sokrates, seinem verehrten Lehrer, in den Mund. Damit ergibt sich für Schleiermacher die Aufgabe, den Sokrates, wie er in den Platonischen Dialogen auftritt, zu differenzieren: Wir müssen lernen, zu unterscheiden, wann Platon, wenn er Sokrates sprechen läßt, einen Bericht über seinen Lehrer geben will, und wann Platon seine eigene Philosophie dem Sokrates in den Mund legt. Man bezeichnet diese Frage als das «sokratische Problem». Über dies Problem ist eine so umfangreiche Literatur geschrieben worden, daß allein der zusammenfassende Bericht ein umfangreiches Werk darstellt.

Ich selbst halte den Standpunkt Schleiermachers für den richtigen und lasse mich in meiner Darstellung von diesem Standpunkt leiten. Dabei ist für mich der Bericht des Aristoteles von besonderer Bedeutung.

Wir müssen außerdem die Frage aufwerfen, ob die zahlreichen Darstellungen des Sokrates in Statuen, Statuetten, Reliefs, Mosaiken, Gemmen und Münzen als historische Zeugnisse betrachtet werden können. Allerdings stoßen wir auch hier auf grundsätzliche Meinungsverschiedenheiten der Fachleute, über die viel diskutiert wird, und über die es heute noch keinerlei Einigung gibt. Es steht außer Zweifel, daß die römischen Statuen einen echten Porträtcharakter haben, daß sie wirklich eine bestimmte Person darstellen wollen und darstellen. Ebenso liegt eine echte Porträtauffassung zur Zeit der Diadochen, der Nachfolger Alexanders des Großen, vor. Dagegen glaubte man während der vorigen Jahrhunderte allgemein, daß die Bildhauer des 5. und 4. Jahrhunderts keine echte Porträtwirkung beabsichtigt haben. Ist dies richtig, so kann es kein echtes Porträt des Sokrates geben. Aber in unserem Jahrhundert treten jedoch gute Sachkenner dafür ein, daß es auch im 4. und sogar schon im 5. Jahrhundert echte Porträts gegeben habe. Ich schließe mich entschieden Gisela Richters Auffassung an, die in ihrem großen Werk «The Portraits of the Greeks»[6] diesen Standpunkt entschieden vertritt. Für Gisela Richter sind besonders die Statuen von Themistokles, Perikles, Sokrates, Euripides, Platon und Aristoteles Darstellungen mit Porträtcharakter. Dies gilt vor allem für die Porträts von Sokrates. Die

Schleiermacher. Kupferstich von Heinrich Lips

in der Literatur erwähnten Gemälde von Sokrates sind nicht erhalten (Richter, p. 110). Um so erfreulicher ist der große Reichtum an Bildwerken. Gisela Richter zählt 46 erhaltene Rundporträts auf, dazu kommen weitere 13 Porträts, die möglicherweise Sokrates darstellen (Richter, p. 110–116), dazu wiederum eine ganze Reihe von Statuetten, Reliefs, Mosaiken, Gemmen und Münzen (Richter, p. 116–119).

Beschränken wir uns auf die Statuen als die wichtigsten Dokumente, so lassen sie sich nach dem übereinstimmenden Urteil der Fachleute in zwei Gruppen teilen, so daß zwei griechische Originale zugrunde liegen müssen. Die erste Gruppe umfaßt bei Gisela Richter (als heute vorhandenen Bestand) insgesamt 10 Köpfe, die zweite Gruppe insgesamt 28 Köpfe. Hinzu kommt die Nachricht des Diogenes Laertios, der über die Verurteilung und die Hinrichtung des Sokrates schreibt: «Die Athener bereuten es bald, so daß sie die Pa-

Kopf des Sokrates (Gruppe B). Neapel, Museo Nazionale. Aus der Sammlung Farnese

Sokrates. Rekonstruktion. Statue in Kopenhagen, Ny Carlsberg Glyptothek; Original des Kopfes in Rom, Museo Nazionale

lästren und die Gymnasien schlossen, daß sie die anderen Ankläger verbannten und daß sie den Meletos zum Tode verurteilten. Den Sokrates ehrten sie durch eine Bronzestatue, die sie im Pompaion aufstellten. Lysippos hatte sie gemacht.»

Indem Gisela Richter dies alles zusammenfaßt, kommt sie, gemeinsam mit anderen Experten, zu dem Ergebnis, dem ich folge, daß das griechische Original, welches der Gruppe A zugrunde liegt, etwa im Jahre 380 bis 360 entstanden ist (Richter, p. 112). Die Köpfe der Gruppe B gehen nach der Überzeugung von Gisela Richter auf die Statue zurück, die Lysippos geschaffen hat und die im Pompaion aufgestellt war. Erwägt man die Lebensdaten, so sollte er die Statue etwa um 350 geschaffen haben (Richter, p. 116).

Eine Statue ohne Kopf, die lange in der Villa Ludovisi gestanden hat und heute in der Ny Carlsberg Glyptothek in Kopenhagen steht, ist wahrscheinlich eine Wiedergabe der Originalstatue. Versucht man den Torso zu ergänzen, dann erhält man das Bild, das wir auf Seite 17 wiedergeben. Wir zeigen diese Rekonstruktion, um einem verbreiteten Irrtum entgegenzutreten. Wir kennen heute in der Regel griechische Bildwerke nur als Köpfe oder als Büste. Die griechischen Originale waren aber meist Vollstatuen. Erst die hellenistischen und römischen Kopien beschränkten sich auf die Wiedergabe des Kopfes. Als ein Beispiel der eigentlichen griechischen Statue geben wir das Standbild des Archilochos wieder.

Folgt man der hier skizzierten Auffassung von Gisela Richter, dann geben die in so großer Zahl erhaltenen Kopien zwei griechische Originale wieder, von denen das eine etwa zwischen 380 und 360, das andere, die Statue von Lysippos, um 350 entstanden ist. Beide Statuen wollen ein Bild des wirklichen Sokrates geben, und so ist es verständlich, daß diese beiden Statuen durchaus mit dem Bild übereinstimmen, das Platon von der äußeren Erscheinung des Sokrates gibt: «Also den Sokrates zu loben, ihr Männer, will ich so versuchen, durch Bilder, er wird nun wohl vielleicht glauben, spöttischerweise, aber gerade zur Wahrheit soll mir das Bild dienen und gar nicht zum Spott. Ich behaupte nämlich, er sei äußerst ähnlich jenen Silenen in den Werkstätten der Bildhauer, welche die Künstler mit Pfeifen oder Flöten darstellen, in denen man aber, wenn man die eine Hälfte wegnimmt, Bildsäulen von Göttern erblickt; und so behaupte ich, daß er vorzüglich dem Satyr Marsyas gleiche. Daß du nun dem Ansehen nach diesen ähnlich bist, o Sokrates, wirst du wohl selbst nicht bestreiten, wie du ihnen aber auch im übrigen gleichst, das höre demnächst.» («Symposion» 215 a–b / II, 243.)

Wir kommen also zu dem Ergebnis, daß die erfreulicherweise so zahlreich erhaltenen Porträts des Sokrates ein glaubhaftes Bild seiner äußeren Erscheinung geben.

Der Gang des Lebens ist bald erzählt. Diogenes Laertios faßt die Vita in seiner Geschichte der griechischen Philosophie zusammen:

«Sokrates, Sohn des Bildhauers Sophroniskos und der Hebamme Phainarete, wie auch Platon im ‹Theaitetos› erwähnt, war Athener und stammte aus dem Demos Alopeke. Geboren wurde er, wie Apollodoros in den ‹Chronika› sagt, unter dem Archontat des Asephios am sechsten des Monats Targelion, am Geburtstag der Artemis, wie die Delier behaupten, an dem die Athener die Stadt durch Sühnungen reinigen. Er starb im ersten Jahr der 95. Olympiade [399 v. Chr.] im Alter von 70 Jahren. So lautet der Bericht des Phalerers Demetrios.» (Diogenes Laertios, S. 70.)[7]

Diese Angaben lassen sich alle aus Platon belegen. Zunächst ist das Todesjahr 399 v. Chr. gut bezeugt. Sokrates sagt selbst in seiner Verteidigungsrede, daß er siebzig Jahre alt sei. Im «Gorgias» (495 d / I, 250) sagt Platon ausdrücklich: «Sokrates... von Alopeke». Im «Euthydemos» (297 e / II, 98) erwähnt Sokrates, daß Sophroniskos sein Vater gewesen sei. Von seiner Mutter spricht Sokrates im «Theaitetos», und Diogenes Laertios hatte ja auch auf diese Stelle hingewiesen: *Also du Lächerlicher hast wohl niemals gehört, daß ich der Sohn einer Hebamme bin, einer sehr berühmten und mannhaften, der Phainarete?* («Theaitetos» 149 a / IV, 113.)

Sokrates dürfte von seinen Eltern wohl ein kleines Vermögen geerbt haben. Da aber Athen im Peloponnesischen Krieg schwere wirtschaftliche Verluste erlitten und Sokrates selbst sich ganz der ihm vorgezeichneten Aufgabe gewidmet hatte, wird wohl von diesem kleinen Vermögen nicht viel übriggeblieben sein.

Von Beruf scheint Sokrates Bildhauer gewesen zu sein. Dies berichtet wenigstens Diogenes Laertios unter Bezug auf eine uns verlorengegangene Schrift von Duris und auf eine ebenfalls nur in Fragmenten erhaltenen Komödie von Timon. Bei Platon, Xenophon oder Aristophanes findet man keine Angabe über einen bürgerlichen Beruf. Diogenes Laertios sagt: «Duris behauptet, er habe auch im Dienste anderer gearbeitet, und zwar als Bildhauer. Von ihm seien auch, sagt man, die mit Gewändern bekleideten Charitinnen auf der Akropolis. Daher auch die Verse des Timon in den Sillen [Frg. 25 Diels]: Steinmetz ward er sodann und weltverbessernder Schwätzer, Zauberfürst der Hellenen, spitzfindiger Rede Erfinder, Nasenrümpfer, Rhetorenverspotter, halbattischer Heuchler.» (Diogenes Laertios, S. 70–71.)

Sokrates war mit Xanthippe verheiratet und hatte von ihr drei Söhne; der jüngste muß 399 noch ein kleines Kind gewesen sein. Xanthippe gilt heute als das Urbild eines bösen, zänkischen Weibes. Dies Bild der Xanthippe ist schon alt, und viele Anekdoten handeln davon. Bei Platon und bei Xenophon steht es durchaus nicht so; dort ergibt sich vielmehr durchaus ein freundliches Bild dieser Ehe. Es ist zwar richtig, daß Sokrates am Morgen des Todestages seine Frau und sein kleines Kind nach Hause bringen läßt: «Als wir nun hineintraten, fanden wir den Sokrates eben entfesselt, und Xanthippe, du kennst sie doch, sein Söhnchen auf dem Arm haltend, saß neben ihm. Als uns Xanthippe nun sah, wehklagte sie und redete allerlei dergleichen, wie die Frauen es pflegen, nämlich: O Sokrates, nun reden diese deine Freunde zum letzten Male mit dir, und du mit ihnen. Da wendete sich Sokrates zum Kriton, und sprach: O Kriton, laß doch jemand diese nach Hause führen. Da führten einige von Kritons Leuten sie heulend und sich übel gebärdend fort.» («Phaidon» 60 a / III, 13.)

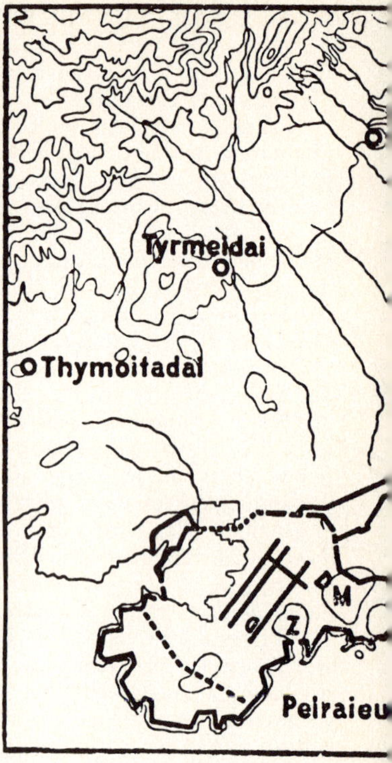

Nun wird es freilich Xanthippe nicht leicht gehabt haben. Das Vermögen war sicherlich winzig. Sokrates ging ganz in seiner Berufung auf. Man darf sich wohl vorstellen, daß Xanthippe – vielleicht mit der Hilfe von ein, zwei Sklaven – die kleine Familie mühsam durch das Leben gebracht hat. Daß es dabei manche Differenzen gegeben haben mag, ist wohl nur allzu verständlich. Wenn aber Sokrates den Todestag mit seinen Freunden und Schülern verbringen wollte, so entspricht das durchaus der griechischen Anschauung. Es ist daher verständlich, daß er Xanthippe mit dem Kind wegführen ließ. Daß aber Xanthippe die letzte Nacht mit ihm im Gefängnis verbrachte, spricht doch sehr für ihre Liebe zu ihm. So scheint mir das Bild, das man aus den direkten Zeugnissen gewinnt, richtiger zu sein als der böse Leumund, den Xanthippe von jeher hatte und bis heute hat.

Es lassen sich wenigstens noch einige zusätzliche Daten aus dem Leben des Sokrates feststellen. Etwa 445/444 hat er die Rede des Perikles über den Bau der großen Mauer gehört. An den Kämpfen von Potidaia (431–429), Delion (424) und Amphipolis (422) hat er teilgenommen. Im Jahre 423 werden «Die Wolken» aufgeführt, die Komödie des Aristophanes, die Sokrates zur Zielscheibe nimmt. 416 ist der Tragödiensieg des jungen Agathon, der Sieg wird in dem «Gastmahl» gefeiert. Im Jahre 406 hat Sokrates als Richter am Prozeß gegen die Feldherrn aus der Arginusenschlacht teilgenommen.

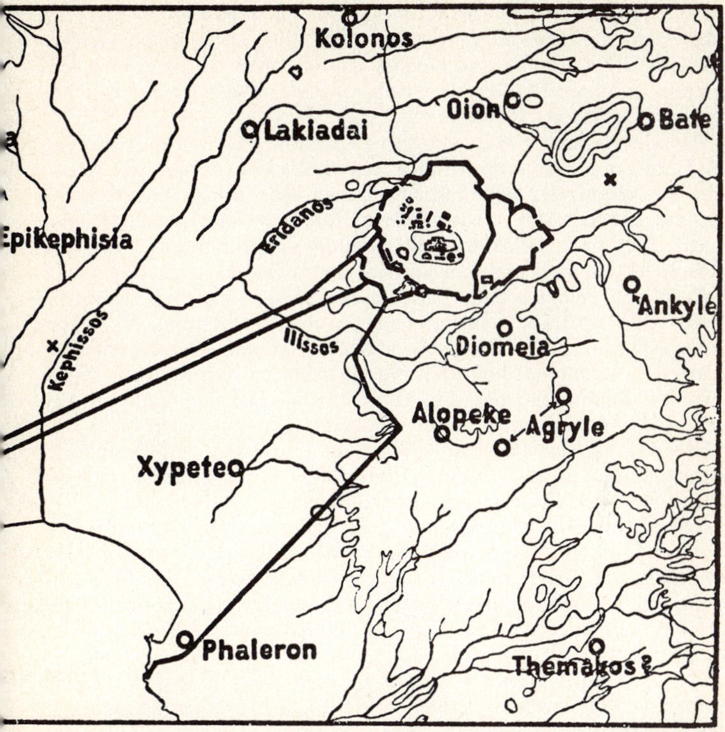

Athen und Peiraieus mit den Langen Mauern, die unter Perikles erbaut worden sind. Rechts der Demos Alopeke, in dem Sokrates geboren wurde

Aus der Gewaltherrschaft der Dreißig (etwa 403) werden einige Ereignisse berichtet. Schließlich ist das Jahr 399 als das Jahr der Verurteilung und des Todes ein festes Datum.

So wissen wir zwar nicht vieles, aber doch einiges aus dem äußeren Ablauf dieses Lebens.

EIN LEBEN DER TAPFERKEIT

Das Leben, das Sokrates geführt hat, war ein Leben der Einfachheit, der Besonnenheit und der Mäßigung, zugleich aber auch ein Leben der Tapferkeit, sowohl im Krieg als auch im staatlichen Leben.

In seiner Verteidigungsrede nimmt Sokrates selbst für sich in Anspruch, im Kriege tapfer gewesen zu sein: *Ich also hätte Arges ge-*

tan, ihr Athener, wenn ich, als die Befehlshaber mir einen Platz anwiesen, die ihr gewählt hattet, um über mich zu befehlen, bei Potidaia, bei Amphipolis und Delion, damals also, wo jene mich hinstellten, gestanden hätte wie irgendein anderer und es auf den Tod gewagt . . . («Apologie» 28 d–e / I, 19.)

Dasselbe berichtet auch Diogenes Laertios: «Er machte den Feldzug nach Amphipolis mit, und in der Schlacht bei Delion rettete er dem Xenophon, der vom Pferde gefallen war, durch sein Beispringen das Leben; auch schritt er beim Rückzug inmitten der wilden Flucht aller ganz gelassen einher, ruhig sich umblickend und zur Abwehr bereit, falls einer an ihn sich heranwagte.

Auch den Feldzug nach Potidaia machte er mit, und zwar fuhr er zu Schiff dorthin, denn zu Lande war es nicht möglich, da der Krieg es nicht zuließ. Dort soll er auch eine ganze Nacht wie festgebannt in der nämlichen Stellung ausgehalten haben. Auch soll er dort den Ehrenpreis, der ihm für treffliche Haltung zugesprochen war, an den Alkibiades abgetreten haben.» (Diogenes Laertios, S. 72.)

Die Kämpfe um Potidaia leiteten im Jahre 432 den Peloponnesischen Krieg ein. Der Dialog «Charmides» beginnt damit, daß Sokrates eben von Potidaia zurückgekommen ist und berichtet:

Ich war am Abend zuvor von dem Heere vor Potidaia zurückgekommen und ging nun nach so langer Abwesenheit mit großem Wohlbehagen wieder an die gewohnten Plätze. So kam ich denn auch in die Palaistra des Taureas, gegenüber dem Tempel der Basile, und traf dort sehr viele, einige zwar auch Unbekannte, die meisten aber Bekannte. Und als sie mich so unerwartet hereintreten sahen, begrüßten sie mich schon von fern, einer hier, der andere dort. Chairephon aber, wie er denn immer heftig ist, aufspringend von seiner Gesellschaft, lief auf mich zu, nahm mich bei der Hand und sagte: O Sokrates, wie bist du davongekommen im Gefecht? Kurz ehe wir von dort abreisten, war nämlich ein Gefecht vorgefallen, wovon man hier nur eben erst gehört hatte. – Ich antwortete ihm: so, wie du siehst. – Wenigstens, sagte er, ist hierher berichtet worden, das Gefecht wäre sehr hitzig gewesen und viele bekannte Männer darin geblieben. – Und sehr richtig, sprach ich, ist dies berichtet. – Du warst doch, fragte er, bei dem Gefecht? – Ich war dabei. – Hierher also, sprach er, setze dich und erzähle uns; denn wir haben noch gar nicht alles genau erfahren. – Und somit führte er mich zum Sitzen neben den Kritias, den Sohn des Kallaischros. Indem ich mich nun setzte, begrüßte ich den Kritias und die andern und erzählte ihnen von dem Heere, wonach sich jeder erkundigte; der eine fragte dies, der andere jenes. («Charmides» 153 a–d / I, 129.)

Im «Gastmahl» gibt Alkibiades eine eindrucksvolle Schilderung der Ereignisse in der Schlacht. Alkibiades erzählt zunächst, daß Sokrates eine ganze Nacht in sich selbst versunken stehen geblieben sei; wir werden darauf S. 52 noch eingehen. Dann erzählt Alkibiades weiter: «Wollt ihr ihn auch in der Schlacht sehen – denn es ist billig, ihm auch das nachzurühmen. Als nämlich das Gefecht vorfiel, bei

Sog. Alkibiades. Rom, Vatikanisches Museum

welchem mir die Heerführer den Preis zuerkannten, hat mich kein anderer Mensch gerettet als dieser, der mich Verwundeten nicht verlassen wollte und so meine Waffen und mich selbst glücklich mit durchbrachte. Auch drang ich damals darauf, Sokrates, daß die Heerführer dir den Preis erteilen sollten, was du auch weder tadeln wirst noch sagen, daß ich es lüge; allein, wie die Heerführer auf meine Vornehmheit Rücksicht nahmen und mir ihn geben wollten, so warst du noch eifriger darauf als die Heerführer, daß ich ihn erhalten solle und nicht du selbst.» («Symposion» 220 d–e / II, 248.)

Von der Schlacht bei Delion im Jahre 424, die eine schwere Niederlage der Athener war, erzählt Laches, der selbst einer der Heerführer in dieser Schlacht war: «Wahrlich, o Lysimachos, lasse ja den Mann nicht los. Ich meines Teils habe ihn auch anderswo schon gesehen nicht nur seinem Vater Ehre bringen, sondern auch seinem Vaterlande. Denn bei der Flucht vor Delion ging er mit mir zurück, und ich versichere dir, wenn die übrigen sich hätten so beweisen wollen, unsere Stadt wäre damals bei Ehren geblieben und hätte nicht einen so schmählichen Sturz erlitten.» («Laches» 181 a–b / I, 155.)

Auch Alkibiades, der ebenfalls bei Delion mitgekämpft hatte, erzählt im «Gastmahl» von dieser Schlacht und erinnert übrigens dabei auch an Laches: «Besonders noch ihr Männer, war es sehr viel wert, den Sokrates zu sehen, als sich das Heer von Delion fliehend zurückzog. Denn ich war zu Pferde dabei, er aber in schwerer Rüstung zu Fuß. Er zog sich also zurück, erst als das Volk schon ganz zerstreut war, er und Laches. Ich komme dazu und erkenne sie und rede ihnen sogleich zu, guten Mutes zu sein, und sagte, daß ich sie nicht verlassen würde. Da konnte ich nun den Sokrates noch schöner beobachten als bei Potidaia – denn ich selbst war weniger in Furcht, weil ich zu Pferde war –, zuerst, wie weit er den Laches an Fassung übertraf, und dann schien er mir nach deinem Ausdruck, Aristophanes, auch dort einherzugehen ‹stolzierend und stier seitwärts hin werfend die Augen›, ruhig umschauend nach Freunden und Feinden; und jeder mußte es sehen schon ganz von ferne, daß, wenn einer diesen Mann berührte, er sich aufs kräftigste verteidigen würde. Darum kamen sie auch unverletzt davon, er und der andere. Denn meist werden die, welche sich so zeigen, im Kriege gar nicht angetastet, sondern man verfolgt nur die, welche in voller Hast fliehen.» («Symposion» 220 e–221 c / II, 248.)

Über die Schlacht bei Amphipolis habe ich außer der Erwähnung in der «Apologie» keinen Hinweis auf die Teilnahme des Sokrates gefunden.

Diese seine Tapferkeit hat Sokrates aber nicht nur im Kriege, sondern auch im politischen Leben Athens bewiesen. In der «Apologie» nimmt Sokrates auch dies für sich in Anspruch:

Tüchtige Beweise will ich euch hiervon anführen, nicht Worte, sondern was ihr höher achtet, Tatsachen. Hört also von mir, was mir selbst begegnet ist, damit ihr seht, daß ich auch nicht einem nachgeben würde gegen das Recht aus Todesfurcht und daß ich, wenn ich das nicht täte, sogleich umkommen müßte. Ich werde euch freilich unangenehme und langweilige Geschichten erzählen, aber doch wahre. Ich nämlich, ihr Athener, habe niemals irgendein anderes Amt im Staate bekleidet, nur zu Rate bin ich gesessen. Und eben hatte unser Stamm, der antiochische, den Vorsitz, als ihr den Anschlag faßtet, die zehn Heerführer, welche die in der Seeschlacht Gebliebenen nicht begraben hatten, sämtlich zu verurteilen, ganz gesetzwidrig, wie es späterhin euch allen dünkte. Da war ich unter allen Prytanen der einzige, der sich euch widersetzte, damit ihr nichts gegen die Gesetze tun möchtet, und euch entgegenstimmte. Und obgleich die Redner bereit waren, mich anzugeben und gefangenzusetzen, und ihr es fordertet und schriet: so glaubte ich doch, ich müßte lieber mit dem Recht und dem Gesetz die Gefahr bestehen, als mich zu euch gesellen in einem so ungerechten Vorhaben aus Furcht des Gefängnisses oder des Todes. Und dies geschah, als im Staat noch das Volk herrschte. Nachdem aber die Regierung an einige wenige gekommen, so ließen einst die Dreißig mich mit noch vier anderen auf die Tholos holen und trugen uns auf, den Salaminier Leon aus Salamis herzubringen, um ihn hinzurichten, wie sie denn dergleichen vieles vielen andern auch auftrugen, um so viele als irgend möglich in Verschuldungen zu verstricken. Auch da nun zeigte ich wiederum nicht durch Worte, sondern durch die Tat, daß der Tod, wenn euch das nicht zu bäurisch klingt, mich auch nicht das mindeste kümmerte, nichts Ruchloses aber und nichts Ungerechtes zu begehen mich mehr als alles kümmert. Denn mich konnte jene Regierung, so gewaltig sie auch war, nicht so einschrecken, daß ich etwas Unrechtes tat. Sondern als wir von der Tholos herunterkamen, gingen die viere nach Salamis und brachten den Leon; ich aber ging meines Weges nach Hause. Und vielleicht hätte ich deshalb sterben gemußt, wenn nicht jene Regierung kurz darauf wäre aufgelöst worden. Dies werden euch sehr viele bezeugen können. («Apologie» 32 a–e / I, 22–23.)

Beide Ereignisse erzählt auch Xenophon: «Er war nämlich einmal Ratsherr geworden und hatte den Ratsherrneid geleistet, in dem er geschworen hatte, sein Amt nach den Gesetzen zu verwalten. Als nun das Volk – Sokrates war gerade Vorsitzender geworden – gegen die Gesetze neun Feldherren, den Thrasyllos und Erasinides nebst ihren Amtsgenossen, durch eine einmalige Abstimmung allesamt zum Tode verurteilen wollte, weigerte er sich, die Abstimmung vor sich gehen zu lassen. Zwar zürnte ihm das Volk, und viele der Mächtigen drohten ihm; aber ihm war mehr daran gelegen, seinen Eid zu halten als die Gunst des Volkes gegen Recht und Gerechtigkeit zu erkaufen und sich gegen die Drohungen sicherzustellen. Denn von der göttlichen Weltregierung hatte er ganz andere Begriffe als der große Haufe, der glaubt, die Götter wüßten einiges, anderes dagegen wüßten sie nicht. Sokrates war überzeugt, daß die Götter alles wissen, sowohl Worte und Handlungen als auch die stillen Gedanken, daß sie überall gegenwärtig seien und den Menschen über alle menschlichen Angelegenheiten Andeutung gäben.» («Memorabilien» I, 1, ed. Laskowsky, S. 15.) [8]

«Auch seine Ansichten über die Gerechtigkeit verhehlte Sokrates nicht, sondern bekundete sie durch die Tat; denn in privaten Dingen handelte er allen gegenüber rechtlich und war allen dienlich; den Obrigkeiten im Staat leistete er allen Gehorsam, den die Gesetze vorschrieben, und zu Hause wie auf Feldzügen war er so gewissenhaft, daß er sich vor allen anderen auszeichnete. Als Vorsitzender in den Volksversammlungen ließ er es nicht zu, daß das Volk gesetzwidrige Beschlüsse faßte, sondern trat einmal unter Berufung auf die Gesetze einem solchen Sturm des Volkes entgegen, dem wohl kein anderer standgehalten hätte. Als die Dreißig ihm auftrugen, etwas gegen die Gesetze zu tun, gehorchte er ihnen nicht. Als sie verboten, mit den jungen Leuten Gespräche zu führen und ihm mit einigen anderen Bürgern befahlen, jemand zur Hinrichtung abzuholen, leistete er allein nicht Folge, weil diese Befehle ungesetzlich waren.» («Memorabilien» IV, 4, ed. Laskowsky, S. 146.)

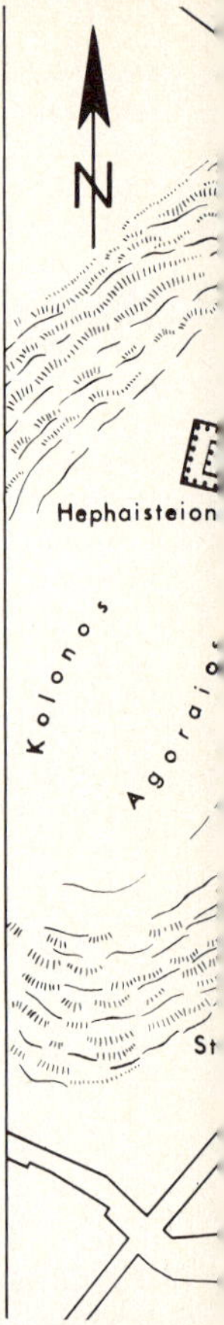
N
Hephaisteion
Kolonos

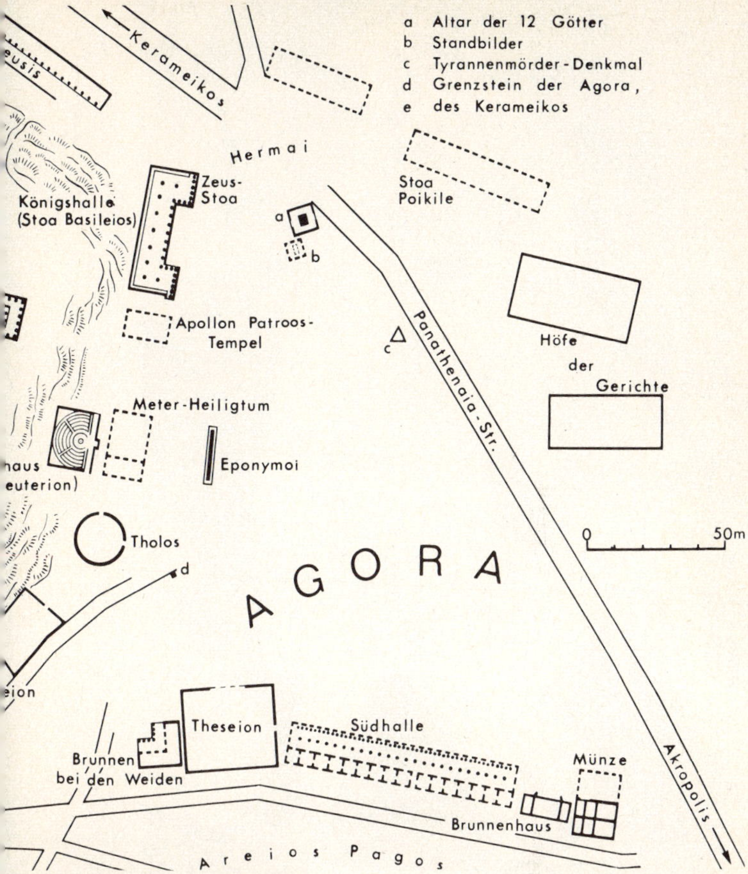

Plan der Agora zur Zeit des Perikles.
Zeichnung: Prof. E. Kirsten

Links oben:
Grenzstein der Agora.
Spätes 6. Jahrhundert v. Chr.

Links unten:
Die Westseite der Agora.
Modell des Zustandes um 400 v. Chr.

Trunkener (Hephaistos), von einem Satyr gestützt.
Pelike in München, um 430

Von diesen Vorgängen ist der um die Seeschlacht bei den Arginusen gut bekannt. Im Peloponnesischen Kriege errangen die Athener im Jahre 407 in einer Seeschlacht bei den Arginusen einen Sieg über die spartanische Flotte. Nach der griechischen Auffassung war es eine unumgängliche Pflicht, die Toten einer Schlacht würdig zu bestatten. Wegen des nach der Schlacht herrschenden stürmischen Wetters war es unmöglich, die Toten zu bergen, und also schon ganz und gar unmöglich, sie zu bestatten. So eröffneten die Athener den Prozeß gegen die Befehlshaber. Die athenische Flotte wurde in der Schlacht von zehn Befehlshabern geführt, aber nur sieben von ihnen, unter ihnen ein Sohn des Perikles, fanden es ratsam, zum Prozeß nach

Athen zurückzukehren. Der Prozeß fand im Jahre 406 statt und wirft eine Reihe von wichtigen historischen, juristischen und verfassungsrechtlichen Fragen auf. Es ist eine umfangreiche Literatur über diesen Prozeß entstanden; die letzte Untersuchung hat 1962 Giannantoni [9] veröffentlicht. Das Gericht bestand aus den 50 Prytanen. Jeder der zehn Phylen Athens wählte jeweils für ein Zehntel des Jahres fünfzig seiner Bürger zu Prytanen. Am Prozeßtag war Sokrates Prytane, wenn auch nicht, wie sich aus der umfassenden Würdigung aller Quellen ergibt, Vorsitzender. Dies behauptet Xenophon wohl irrtümlicherweise, Sokrates selbst behauptet es nicht. Sokrates wehrt sich mit allem Nachdruck gegen die Verurteilung der Befehlshaber. Nach athenischem Recht durfte in einem Verfahren nur jeweils ein Angeklagter zum Tode verurteilt werden. Die Ankläger dagegen forderten die Verurteilung der sieben erschienenen Feldherrn in einem einzigen Verfahren. Offenbar hat der entschiedene Widerspruch des Sokrates zu einer sehr stürmischen Verhandlung geführt; der Widerspruch war aber vergebens, die sieben Feldherrn wurden zum Tode verurteilt und hingerichtet.

So steht das Bild eines Mannes vor uns, der tapfer für seinen Staat, aber ebenso tapfer auch gegen seinen Staat kämpfte.

EIN LEBEN DER EINFACHHEIT

Alle Zeitgenossen erzählen, wie einfach, besonnen und mäßig das Leben war, das Sokrates geführt hat.

Am anschaulichsten berichtet Alkibiades in seiner Lobrede auf Sokrates, die die letzte Rede des «Gastmahls» bildet: «Hierauf also, wie meint ihr, daß mir zumute gewesen, der ich mich gekränkt glaubte und doch auch an des Mannes Natur und Besonnenheit und Tapferkeit mich erfreute, da ich einen solchen angetroffen, wie ich nie zu finden geglaubt an Weisheit und Beharrlichkeit, so daß ich weder wußte, wie ich ihm zürnen sollte und mich seinem Umgang entziehen, noch auch, wie ich ihn gewinnen könnte, Rat wußte. Denn das wußte ich wohl, daß er durch Gold noch viel weniger irgendwo verwundbar wäre als Aias durch Eisen, womit ich aber geglaubt hatte, daß er allein könne gefangen werden, dadurch war er mir doch auch entwischt. Ratlos also blieb ich und in der Gewalt des Menschen, wie nie einer in der eines andern gewesen ist. Dies nun war alles früher geschehen, hernach aber machten wir den Feldzug nach Potidaia zusammen und waren dort Tischgenossen. Da nun übertraf er zuerst in Ertragung aller Beschwerden nicht nur mich, sondern alle insgesamt. Denn wenn wir etwa irgendwo abgeschnitten waren und, wie es im Felde wohl geht, hungern mußten: so war das nichts gegen ihn, wie es die andern aushielten. Und auch wenn hoch gelebt wurde, verstand er allein zu genießen, auch sonst, zumal aber im Trinken, wiewohl er es immer nicht wollte; wenn er einmal dazu gezwungen wurde, übertraf er alle, und, was das wunderbarste ist, niemals hat irgend jemand den Sokrates trunken gesehen. Hiervon nun, dünkt mich, wird sich auch jetzt gleich der Beweis finden. Im Ertragen der Witterung aber, die Winter sind aber dort furchtbar, trieb er es bewundernswürdig weit, auch sonst immer, besonders aber einmal, als der Frost so heftig war, wie man sich nur denken kann, und die andern entweder gar nicht hinausgingen oder, wer es etwa tat, wunder wieviel Anzug und Schuhe unterband und die Füße einhüllte in Filz und Pelz: da ging dieser hinaus in ebensolcher Kleidung, wie er sie immer zu tragen pflegt, und ging unbeschuht weit leichter über das Eis hin als die anderen in Schuhen. Die Kriegsmänner sahen ihn auch scheel an, als verachte er sie.» («Symposion» 219 d–220 b / II, 247.)

Auch Xenophon hebt immer wieder die Einfachheit dieses Lebens hervor. So sagt Xenophon im dritten Kapitel des ersten Buches: «Durch seine Lebensweise hatte er Seele und Leib so erzogen, daß nach meiner Meinung jeder, der sie sich zu eigen machte, sorglos und sicher leben konnte und wegen des Aufwandes nicht in Verlegenheit zu kommen brauchte, sofern nichts Ungewöhnliches eintrat. Er lebte so sparsam, daß kaum einer mit seiner Hände Arbeit so wenig verdienen könnte, um nicht das zu erwerben, was für Sokrates hinreichte. Speise nahm er nur so viel zu sich, wie ihm schmeckte, und er kam so vorbereitet zu Tisch, daß ihm der Hunger nach Speise die Zukost vertrat. Auch jedes Getränk war ihm angenehm, weil er nur trank, wenn er Durst hatte. Nahm er einmal eine Einladung zu einer Mahlzeit an, so war es ihm leicht, was anderen mit aller Mühe kaum gelingt, sich vor Überfüllung zu hüten. Wer das nicht konnte, dem gab er den Rat, sich vor den Genüssen zu hüten, die zum Essen ohne Hunger, zum Trinken ohne Durst reizten. Denn das sei, was Magen, Kopf und Seele ruiniere. Auch Kirke, setzte er scherzend hinzu, habe ohne Zweifel durch reichliche Gaben solcher Reizmittel die Menschen in Schweine verwandelt; und Odysseus sei darum auch nicht ein Schwein geworden, weil er auf den Rat des Hermes und aus eigener Enthaltsamkeit sich gemäßigt und sich vor Überfüllung mit solchen Genüssen in acht genommen habe. So scherzte er über diesen Gegenstand, aber in dem Scherz lag zugleich eine ernsthafte Lehre.» («Memorabilien», I, 3, ed. Laskowsky, S. 32–33.)

Das 14. Kapitel des dritten Buches widmet Xenophon ganz diesem Thema: «Wenn bei gemeinschaftlichen Mahlzeiten die einen wenig, die anderen viel Zukost mitbrachten, ließ Sokrates den Diener die kleinen Portionen entweder für alle zusammentun oder jedem seinen Teil vorlegen. Die aber, die nun viel mitgebracht hatten, scheuten sich, an dem gemeinsamen Essen nicht teilzunehmen, andererseits aber war es ihnen nicht recht, das Ihrige beizusteuern. Sie stellten dann aber doch, was sie mitgebracht hatten, zur allgemeinen Verfügung. Da ihnen auf diese Weise durchaus nicht mehr zufiel als denen, die wenig brachten, unterließen sie es schließlich, viel für Zukost auszugeben.

Einst bemerkte Sokrates, daß einer seiner Tischgenossen aufgehört hatte, Brot zu essen, und die Zukost allein aß. Man unterhielt sich gerade darüber, von welcher Tätigkeit einzelne Benennungen abgeleitet seien. Da fing Sokrates an: *Läßt es sich eigentlich erklären, liebe Freunde, warum man einen Menschen einen Fleischfresser nennt? Jedermann ißt ja doch zu seinem Brot Fleisch, wenn er's hat; aber darum nennt man ihn, wie ich denke, noch keinen Fleischfresser.* – ‹Nein, bestimmt nicht›, sagte einer der Anwesenden. *Nun, und wenn einer Fleisch allein ohne Brot ißt, nicht etwa, um sich für Leibesübungen zu stärken, sondern nur des Genusses wegen, soll der als Fleischfresser gelten oder nicht?* – ‹Schwerlich gibt es jemand, der eher so genannt werden könnte›, erhielt er als Antwort. – Da fragte ein anderer der Tischgenossen: ‹Wenn aber einer wenig Brot und viel Fleisch dazu ißt?› – *Mir scheint*, antwortete Sokrates, *auch den nennt man mit Recht einen Fleischfresser. Und wenn andere Menschen die Götter um ein gutes Fruchtjahr bitten, wird der wahrscheinlich um ein gutes Fleischjahr bitten.* Durch diese Worte fühlte sich der junge Mann getroffen, und er aß zwar weiter Fleisch, aber nahm Brot dazu. Sokrates merkte das und rief den Nachbarn des jungen Mannes zu: *Gebt acht, ob er das Brot als Fleisch oder das Fleisch als Brot ißt.*

Einen anderen von den Tischgenossen sah Sokrates zu seinem Bissen Brot von mehreren Fleischgerichten nehmen. *Kann es*, fragte er, *eine kostspieligere oder die Speisen mehr verderbende Zusammenstellung geben, als wenn jemand vielerlei auf einmal ißt und zu gleicher Zeit Speisen von dem verschiedensten Geschmack in den Mund nimmt? Wer mehr Speisen zusammenmischt als die Köche, macht sie teurer; und wer untereinandermischt, was die Köche als nicht zueinander passend ungemischt lassen, verfährt falsch und macht ihre Kunst zunichte. Ist es nicht lächerlich, sich die besten Köche zu verschaffen und dann, ohne etwas davon zu verstehen, ihre Gerichte zu verändern? Die Gewohnheit, von mehrerem zugleich zu essen, hat auch noch einen anderen Nachteil. Wenn nicht mehrere Gerichte vorhanden sind, wird der ja eigentlich zu kurz kommen, der sich nach dem Gewohnten sehnt, ist man dagegen gewöhnt, zu einem Bissen Brot einen Bissen Fleisch zu essen, so wird man sich ganz leicht mit dem einen Gericht begnügen, wenn nicht mehrere vorhanden sind.*

Er bemerkte auch, daß das Wort ‹essen› in der Sprache der Athener ‹wohlleben› heiße; das Wörtchen ‹wohl› stehe in dem Sinne dabei, daß man das esse, was weder die Seele noch den Leib beschwere und was auch nicht schwer aufzutreiben sei. Daher sagte er von denen, die mäßig lebten, daß sie wohl lebten.» («Memorabilien» III, 14, ed. Laskowsky, S. 126–127.)

Ein anschauliches Bild dieses einfachen Lebens gibt auch die Rahmenerzählung des «Phaidros»:

SOKRATES: *O lieber Phaidros, woher denn und wohin?*

PHAIDROS: Vom Lysias, o Sokrates, dem Sohne des Kephalos, und

Das Flußbett des Ilissos. Fotomontage der antiken Wasserführung

ich gehe lustwandeln hinaus vor die Stadt; denn ich habe dort lange Zeit sitzend zugebracht von früh an. Und deinem und meinem Freunde Akumenos folgend pflege ich draußen auf den Straßen umherzugehen; dieses nämlich, sagt er, sei weniger ermüdend als das in den Spaziergängen.

SOKRATES: *Und ganz recht hat er darin, lieber Freund. Also Lysias war, wie es scheint, in der Stadt.*

PHAIDROS: Ja, bei dem Epikrates, in dem Hause hier unweit des Olympion, der Morychia.

SOKRATES: *Was habt ihr denn dort getrieben? Oder versteht es sich, daß euch Lysias aus seinen Reden bewirtet hat?*

PHAIDROS: Du sollst es erfahren, wenn du Muße hast, mitzugehen und zu hören...

Ruhig nur! Du hast mir die Hoffnung vereitelt, die ich hatte, mich an dir zu üben. Aber wo willst du nun, daß wir uns setzen, um zu lesen?

SOKRATES: *Hier laß uns ablenkend am Ilissos hinuntergehen und dann, wo es uns gefallen wird, uns einsam niedersetzen.*

PHAIDROS: Zur rechten Zeit, wie es scheint, bin ich unbeschuht; denn du freilich bist es immer. So ist es also am bequemsten, im Wässerchen selbst die Füße netzend zu gehen, und gar nicht unangenehm, zumal in dieser Jahreszeit und um die jetzige Stunde.

SOKRATES: *So gehe voran und sieh dich um, wo wir uns wohl setzen können.*

PHAIDROS: Siehst du jene höchste Platane dort?

SOKRATES: *Wie sollte ich nicht?*

PHAIDROS: Dort ist Schatten und mäßige Luft, auch Rasen, darauf zu sitzen oder, wenn wir wollen, uns niederzulegen.

SOKRATES: *Gehe also.*

PHAIDROS: Sage mir, Sokrates, soll nicht hier irgendwo am Ilissos Boreas die Oreithyia geraubt haben?

SOKRATES: *So soll er.*

PHAIDROS: Etwa eben hier? Angenehm wenigstens, rein und durchsichtig ist hier das Wässerchen, recht gemacht für Mägdlein, daran zu spielen.

SOKRATES: *Nein, sondern unterhalb etwa um zwei oder drei Stadien, wo man durchgeht nach dem Tempel der Artemis. Auch ist dort irgendwo ein Altar des Boreas.*

PHAIDROS: Ich wußte es nicht recht. Aber sage, um Zeus' willen, Sokrates, glaubst auch du, daß diese Geschichte wahr ist?...

SOKRATES: *Bei der Here! dies ist ein schöner Aufenthalt. Denn die Platane selbst ist prächtig belaubt und hoch und des Gesträuches Höhe und Umschattung gar schön, und so steht es in voller Blüte, daß es den Ort mit Wohlgeruch ganz erfüllt. Und unter der Platane fließt die lieblichste Quelle des kühlsten Wassers, wenn man seinen Füßen trauen darf. Auch scheint hier nach den Statuen und Figuren ein Heiligtum einiger Nymphen und des Acheloos zu sein. Und wenn du das suchst, auch die Luft weht hier willkommen und süß und säu-*

selt sommerlich und lieblich in den Chor der Zikaden. Unter allem am herrlichsten aber ist das Gras am sanften Abhang in solcher Fülle, daß man hingestreckt das Haupt gemächlich kann ruhen lassen. Kurz, du hast vortrefflich den Führer gemacht, lieber Phaidros.

PHAIDROS: Du aber, wunderbarer Mann, zeigst dich ganz seltsam. Denn in der Tat, wie du auch sagst, einem Fremden gleichst du, der sich umherführen läßt, und nicht einem Einheimischen. So wenig wanderst du aus der Stadt über die Grenze, noch auch selbst zum Tore scheinst du mir herauszugehen.

SOKRATES: *Dies verzeihe mir schon, o Bester. Ich bin eben lernbegierig, und Felder und Bäume wollen mich nichts lehren, wohl aber die Menschen in der Stadt. Du indes, dünkt mich, hast, um mich herauszulocken, das rechte Mittel gefunden. Denn wie sie mittels vorgehaltenen Laubes oder Körner hungriges Vieh führen, so könntest du gewiß, wenn du mir solche Rollen mit Reden vorzeigtest, mich durch ganz Attika herumführen, und wohin du sonst wolltest. Nun wir aber an Ort und Stelle angekommen sind, werde ich mich wahrscheinlich hier niederlegen; du aber, in welcher Stellung du am besten lesen zu können glaubst, die wähle und lies.*

PHAIDROS: So höre denn. («Phaidros» 227 a–b; 228 e–229 c; 230 b–e / IV, 10, 11–12, 12–13.)

Zu dieser Anfangsszene des «Phaidros» tritt auch der ebenso charakteristische Schluß:

SOKRATES: *Er dünkt mich zu gut, um ihn mit des Lysias Reden zu vergleichen, was seine Naturgabe betrifft, auch von edlerer Mischung des Gemütes, so daß es nichts Wunderbares wäre, wenn er bei reiferem Alter teils in den Reden, auf die er jetzt seinen Fleiß wendet, alle, die sich je mit Reden abgegeben, weiter als Kinder hinter sich zurückließe, teils auch, wenn ihm dieses nicht mehr genügte, ihn zu etwas Größerem ein göttlicher Trieb hinführte. Denn von Natur schon, Phaidros, ist etwas Philosophisches in der Seele des Mannes. Dieses also will ich im Namen dieser Götter dem Isokrates als meinem Lieblinge verkündigen; du aber jenes als dem deinigen dem Lysias.*

PHAIDROS: Das soll geschehen. Aber laß uns nun gehen, da auch die Hitze gelinder geworden.

SOKRATES: *Ziemt es sich nicht, erst zu diesen zu beten und dann zu gehen?*

PHAIDROS: Warum nicht?

SOKRATES: *O lieber Pan und ihr Götter, die ihr sonst hier zugegen seid, verleihet mir, schön zu werden im Innern, und daß, was ich Äußeres habe, dem Inneren befreundet sei. Für reich möge ich den Weisen halten, und solche Menge Goldes besitzen, wie ein anderer als der Besonnene gar nicht tragen und führen könnte.*

Bedürfen wir noch etwas anderes, o Phaidros? Ich für mich habe hinreichend gebetet.

PHAIDROS: Auch für mich bete dieses mit: denn Freunden ist alles gemeinsam.

SOKRATES: *Laß uns denn gehen.* («Phaidros» 279 a–c / IV, 59–60.)

Gewiß hat Platon diese idyllische Szene der Rahmenerzählung des Dialogs «Phaidros» nicht ohne Absicht gestaltet. Dies zeigt sich schon in einem kleinen Zug. Sokrates geht fast immer barfuß, aber heute trägt auch Phaidros kein Schuhwerk, und so gehen sie denn beide vergnügt plätschernd barfuß durch den Bach. Doch gerade in diese Idylle flicht Platon eine grundsätzliche Charakterisierung ein. Der Gang unter die Platane des Ilissosufers ist für Sokrates durchaus eine Ausnahme. Sokrates ist ein Mensch der Stadt. Wenn Phaidros es seltsam findet, daß Sokrates so wenig aus der Stadt wandert und hier am Ilissos, eben vor den Toren der Stadt, fast wie ein Fremder geht, so antwortet Sokrates: *Dies verzeihe mir schon, o Bester. Ich bin eben lernbegierig, und Felder und Bäume wollen mich nichts lehren, wohl aber die Menschen in der Stadt.* («Phaidros» 230 d / IV, 13.)

Die Einfachheit der Lebensweise hat sich in vielen Anekdoten niedergeschlagen, die, mögen sie in anderen Details nun wahr sein oder nicht, Sokrates jedenfalls auf das beste charakterisieren. So erzählt Diogenes Laertios: «Und immer wieder hörte man ihn die Jamben zitieren:

> Die silbernen Gefäße und das Purpurkleid
> sind fürs Theater gut, fürs Leben nicht.»

Der Ort des Spaziergangs zur Platane. Links der Standort des Artemis-Tempels. Im Hintergrund der Ardettos-Hügel

Derselbe Diogenes Laertios faßt diese Anschauungen in einen Spruch zusammen, der durch alle Jahrhunderte (er findet sich zum Beispiel auch beim jungen Kant [10]) als charakteristisch für Sokrates gegolten hat und es auch wirklich ist: «Oft sagte er beim Anblick der unzähligen Verkaufsartikel zu sich selbst: *Wie zahlreich sind doch die Dinge, deren ich nicht bedarf.*» (Diogenes Laertios, S. 73.)

DER ORAKELSPRUCH AUS DELPHI

Für Sokrates und Platon war, wie für alle Griechen, Delphi das Nationalheiligtum ihres Landes und der Orakelspruch aus Delphi die oberste und unbezweifelte Instanz in allen eines Orakels bedürftigen Fragen.

So nennen die «Gesetze», die letzte, vielleicht nicht mehr ganz vollendete Schrift Platons, Delphi ausdrücklich als die Autorität in allen Religionsangelegenheiten.[11] Im «Phaidros» sagt Sokrates: *Nun aber entstehen uns die größten Güter aus einem Wahnsinn, der jedoch durch göttliche Gunst verliehen wird. Denn die Prophetin zu Delphi und die Priesterinnen zu Dodone haben im Wahnsinn vieles Gute in privaten und öffentlichen Angelegenheiten unserer Hellas zugewendet.* («Phaidros» 244 a–b / IV, 25–26.)

So wird denn der über dem Eingang des Heiligtums stehende Spruch «Erkenne dich selbst» von Platon oft herangezogen. Eine besonders große Rolle spielt er in den frühen, den sokratischen Dialogen, die wir in weitem Umfang als Darstellung des Sokrates betrachten. In dem von uns schon herangezogenen Anfang des «Phaidros» sagt Sokrates: *Ich kann noch immer nicht nach dem delphischen Spruch mich selbst erkennen.* («Phaidros» 229 e / IV, 12.)

Im «Protagoras» wird auf den Spruch hingewiesen: «Diese haben auch gemeinschaftlich Musterstücke ihrer Weisheit dem Apollon und seinem Delphischen Tempel gewidmet, darauf schreibend, was in aller Munde ist, das ‹Kenne dich selbst› und ‹Nichts zu viel›.» («Protagoras» 343 a–b / I, 80.)

Mit besonderer Ausführlichkeit wird auf den delphischen Eingangsspruch im «Charmides» Bezug genommen. Der «Charmides» ist ein Gespräch des Sokrates mit dem jungen Charmides und gehört zu denen, die in besonderer Weise als Darstellung sokratischer Gespräche betrachtet werden dürfen.

«Aber dieses, o Sokrates, sagte er, kann doch auf keine Weise sein; sondern wenn du meinst, daß etwas von dem, was ich vorher behauptete, hierauf notwendig führe, möchte ich lieber etwas von jenem zurücknehmen und mich nicht schämen einzugestehen, daß ich mich unrichtig ausgedrückt habe, eher als daß ich zugeben sollte, irgendein Mensch, der von sich selbst nicht wisse, könne besonnen sein. Vielleicht möchte ich beinahe sagen, eben dieses wäre die Besonnenheit, das Sichselbstkennen, und ganz dem beistimmen, der

Delphi: Der Apollon-Tempel

in Delphi diesen Spruch aufgestellt hat. Denn in solchem Sinne scheint mir dieser Spruch hingestellt zu sein, als eine Anrede des Gottes an die Eintretenden, anstatt des: Sei fröhlich, als ob nämlich jener Wunsch nicht recht wäre, fröhlich zu sein, und wir uns nicht dazu ermuntern müßten, sondern besonnen zu sein. Auf diese Art also begrüßt der Gott die Eintretenden in seinem Tempel ganz anders als die Menschen, nach der Meinung dessen, der diese Tafel geweiht hat, wie mich wenigstens dünkt, und spricht zu jedem Eintretenden nichts anderes als: Sei besonnen, sagt er ihm. Etwas rätselhaft freilich wie ein Wahrsager drückt er sich aus. Das ‹Kenne dich selbst› und ‹Sei besonnen› ist also zwar dasselbe, wie jener Spruch behauptet und ich; leicht aber mag mancher glauben, beides wäre verschieden, und das dünkt mich auch denen begegnet zu sein, welche die folgenden Sprüche aufgestellt haben, das ‹Nichts zu viel› und ‹Wer sich verbürgt, dem nahet Verderben›. Denn diese haben geglaubt, das ‹Kenne dich selbst› wäre ein Rat, nicht aber eine Begrüßung des Gottes für die Eintretenden, und um also auch selbst nicht minder heilsame Ratschläge aufzustellen, haben sie dieses niedergeschrieben und aufgestellt. Weshalb ich nun alles dieses sage, o Sokrates, das ist folgendes. Das vorige alles schenke ich dir. Denn vielleicht hast du einiges richtiger darüber gesagt, vielleicht auch ich; recht bestimmt aber war gar nichts von dem, was wir sagten. Jetzt aber will ich dir hierüber Rede stehn, wenn du nicht annimmst, die Besonnenheit sei das Sichselbstkennen.» («Charmides» 164 c–165 b / I, 138–139.)

So wird es verständlich, daß Sokrates sowohl anderen rät, sich an das Orakel in Delphi zu wenden, als auch, daß er selbst in einer entscheidenden Stunde seines Lebens den Rat des Heiligtums als ausschlaggebend betrachtet.

Über den Orakelspruch, der auf ihn selbst Bezug hatte, sagt Sokrates in seiner Verteidigungsrede:

Vielleicht nun möchte jemand von euch einwenden: Aber Sokrates, was ist denn also dein Geschäft? Woher sind diese Verleumdungen dir entstanden? Denn gewiß, wenn du nichts Besonderes betriebest vor andern, es würde nicht solcher Ruf und Gerede entstanden sein, wenn du nicht ganz etwas anderes tätest als andere Leute. So sage uns doch, was es ist, damit wir uns nicht aufs Geratewohl unsere eigenen Gedanken machen über dich. Dies dünkt mich mit Recht zu sagen, wer es sagt, und ich will versuchen, euch zu zeigen, was dasjenige ist, was mir den Namen und den üblen Ruf gemacht hat. Hört also, und vielleicht wird manchen von euch bedünken, ich scherzte: glaubt indes sicher, daß ich die reine Wahrheit rede. Ich habe nämlich, ihr Athener, durch nichts anderes als durch eine gewisse Weisheit diesen Namen erlangt. Durch was für eine Weisheit aber? Die eben vielleicht die menschliche Weisheit ist. Denn ich

Sokrates. Marmor-Statuette aus Alexandria. Kopie nach einem Original aus dem 2. Jahrh. v. Chr. London, British Museum

mag in der Tat wohl in dieser weise sein; jene aber, deren ich eben erwähnt, sind vielleicht weise in einer Weisheit, die nicht dem Menschen angemessen ist; oder ich weiß nicht, was ich sagen soll, denn ich verstehe sie nicht, sondern wer das sagt, der lügt es und sagt es mir zur Verleumdung. Und ich bitte euch, ihr Athener, erregt mir kein Getümmel, selbst wenn ich euch etwas vorlaut zu werden dünken sollte. Denn nicht meine Rede ist es, die ich vorbringe; sondern auf einen ganz glaubwürdigen Urheber will ich sie euch zurückführen. Über meine Weisheit nämlich, ob sie wohl eine ist und was für eine, will ich euch zum Zeugen stellen den Gott in Delphoi. Den Chairephon kennt ihr doch. Dieser war mein Freund von Jugend auf, und auch euer, des Volkes, Freund war er und ist bei dieser letzten Flucht mit geflohen und mit euch auch zurückgekehrt. Und ihr wißt doch, wie Chairephon war, wie heftig in allem, was er auch beginnen mochte. So auch, als er einst nach Delphoi gegangen war, erkühnte er sich, hierüber ein Orakel zu begehren; nur, wie ich sage, kein Getümmel, ihr Männer. Er fragte also, ob wohl jemand weiser wäre als ich. Da leugnete nun die Pythia, daß jemand weiser wäre. Und hierüber kann euch dieser sein Bruder hier Zeugnis ablegen, da jener bereits verstorben ist. («Apologie» 20 c–21 a / I, 11–12.)

Handelt es sich hier um eine Erdichtung von Platon oder berichtet Platon über ein wirkliches Ereignis, über einen wirklich in Delphi ergangenen Orakelspruch an Sokrates? Nimmt man die Darstellung Platons als einen historischen Bericht, so sind die Konsequenzen freilich bedeutungsvoll. Dann muß Sokrates zu diesem Zeitpunkt schon eine bekannte Gestalt gewesen sein, sonst hätte Chairephon nicht in dieser Weise anfragen können, und sonst hätte das Orakel nicht in dieser Weise antworten können. Der Orakelspruch ist einer der wichtigsten Punkte, wenn man die Frage nach der historischen Gestalt des Sokrates stellt.

Ich bin der Auffassung, daß man die Gesamtheit der Berichte in Erwägung ziehen muß. Dann komme ich in Übereinstimmung mit Taylor[12] und anderen zu dem Ergebnis, daß Platon einen Bericht geben will und gegeben hat und daß also dieser Orakelspruch an Sokrates tatsächlich ergangen ist.

DAS DAIMONION

Die Stimme des Daimonions, die Sokrates in sich hörte, ist eines der großen Rätsel des unergründlichen Mannes. Man ist geneigt, sie als eine göttliche Stimme oder zum mindesten als die Stimme des Gewissens zu verstehen. Keine dieser beiden Auffassungen dürfte richtig sein. Es bleibt hier kaum etwas anderes übrig, als Sokrates selbst sprechen zu lassen, und einige Ergänzungen aus anderen Quellen zu geben:

Vielleicht könnte auch dies jemanden ungereimt dünken, daß ich, um einzelnen zu raten, umhergehe und mir viel zu schaffen mache, öffentlich aber mich nicht erdreiste, in eurer Versammlung auftretend dem Staate zu raten. Hiervon nun ist die Ursache, was ihr mich oft und vielfältig sagen gehört habt, daß mir etwas Göttliches und Daimonisches widerfährt, was auch Meletos in seiner Anklage spottend erwähnt hat. Mir aber ist dieses von meiner Kindheit an geschehen, eine Stimme nämlich, welche jedesmal, wenn sie sich hören läßt, mir von etwas abredet, was ich tun will, zugeredet aber hat sie mir nie. Das ist es, was sich mir widersetzt, die Staatsgeschäfte zu betreiben. Und sehr mit Recht scheint es mir sich dem zu widersetzen. Denn wißt nur, ihr Athener, wenn ich schon vor langer Zeit unternommen hätte, Staatsgeschäfte zu betreiben: so wäre ich auch schon längst umgekommen und hätte weder euch etwas genutzt noch auch mir selbst. Werdet mir nur nicht böse, wenn ich die Wahrheit rede. Denn kein Mensch kann sich erhalten, der sich, sei es nun euch oder einer andern Volksmenge, tapfer widersetzt und viel Ungerechtes und Gesetzwidriges im Staate zu verhindern sucht: sondern notwendig muß, wer in der Tat für die Gerechtigkeit streiten will, auch wenn er sich nur kurze Zeit erhalten soll, ein zurückgezogenes Leben führen, nicht ein öffentliches. («Apologie» 31 c–32 a / I, 22.)

In seiner zweiten Rede kommt Sokrates noch einmal auf das Daimonion zurück:

Mit denen aber, welche für mich gestimmt, möchte ich gern noch reden über dies Ereignis, welches sich zugetragen, solange die Gewalthaber noch Abhaltung haben und ich noch nicht dahin gehen muß, wo ich sterben soll. Also, ihr Männer, so lange haltet mir noch aus. Nichts hindert ja, uns vertraulich zu unterhalten miteinander, solange es noch vergönnt ist. Denn euch als meinen Freunden will ich gern das erklären, was mir soeben begegnet ist, was es eigentlich bedeutet. Mir ist nämlich, ihr Richter – denn euch benenne ich recht, wenn ich euch Richter nenne –, etwas Wunderbares vorgekommen. Mein gewohntes Vorzeichen nämlich war in der vorigen Zeit wohl gar sehr häufig, und oft in großen Kleinigkeiten widerstand es mir, wenn ich im Begriff war, etwas nicht auf die rechte Art zu tun. Jetzt aber ist mir doch, wie ihr ja selbst seht, dieses begegnet, was wohl mancher für das größte Übel halten könnte und wie auch dafür angesehen wird; dennoch aber hat mir weder, als ich des Morgens von Hause ging, das Zeichen des Gottes widerstanden, noch auch als ich hier die Gerichtsstätte betrat, noch auch irgendwo in der Rede, wenn ich etwas sagen wollte. Wiewohl bei anderen Reden es mich oft mitten im Reden aufhielt. Jetzt aber hat es mir nirgends bei dieser Verhandlung, wenn ich etwas tat oder sprach, im mindesten widerstanden. Was für eine Ursache nun soll ich mir hiervon denken? Das will ich euch sagen. Es mag wohl, was mir begegnet ist, etwas Gutes sein, und unmöglich können wir recht haben, die wir annehmen, der Tod sei ein Übel. Davon ist mir dies ein großer Beweis. Denn unmöglich würde mir das gewohnte Zeichen nicht widerstan-

Die Akropolis. Rekonstruktion von Lüpke (1907)

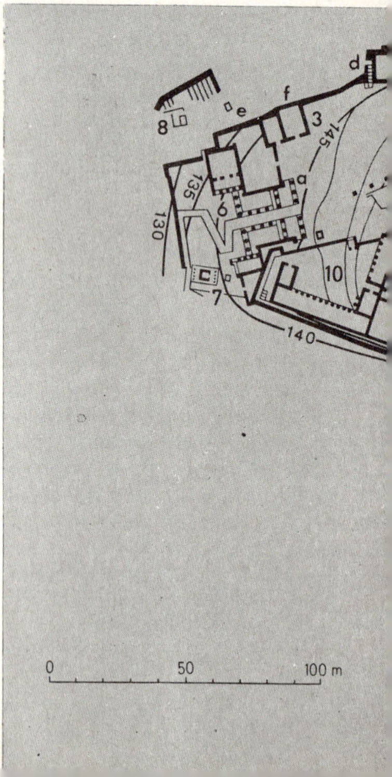

Plan der Akropolis und ihr Südabhang zur Zeit des Sokrates:
1 Älterer Tempel der Athena bis 406, 2 Haus der Arrhephoren, 3 Haus der Priesterinnen, 4 Parthenon, 5 Erechtheion, 6 Propyläen, 7 Nike-Tempel, 8 Quelle Klepsydra, 9 Chalkothek, 10 Bezirk der Artemis Brauronia, 11 Athena-Altar, 12 Bezirk des Zeus Polieus, 13 Heroon des Pandion, 14 Alter Asklepios-Tempel, 15 Asklepios-Liegehallen, 16 Asklepios-Tempel, 17 Odeion des Perikles, 18 Dionysos-Theater, 19 Dionysos-Tempel a) Standort der Athena Lemnia, b) Standort der Athena Promachos, c) Pandroseion, d) Pforte zur Quelle, e) Apollon-Pythios-Bezirk, f) Pan-Grotte, g) Aglauros-Grotte, h) Eros-Heiligtum (Zeichnung: Prof. E. Kirsten)

den haben, wenn ich nicht im Begriff gewesen wäre, etwas Gutes auszurichten. («Apologie» 39 d–40 c / I, 29–30.)

Xenophon berichtet über das Daimonion im ersten Kapitel des ersten Buches:

«Fürs erste: Womit konnten sie denn beweisen, daß er nicht an die Götter geglaubt habe, die der Staat anerkennt? Man sah ihn doch öfters sowohl zu Hause als auch auf den gemeinsamen Altären der Stadt sein Opfer darbringen; und es konnte auch nicht unbemerkt bleiben, daß er von der Weissagekunst Gebrauch machte. Es ging ja in der Stadt von Mund zu Mund, Sokrates pflege zu sagen, daß die Gottheit ihm Andeutungen gebe. Hierauf haben sie wahrscheinlich in der Hauptsache ihre Beschuldigung gegründet, er führe Neuerungen in göttlichen Dingen ein. Aber er brachte damit so wenig Neues auf wie alle anderen, die die Weissagekunst anerkennen und auf den Vogelflug, auf Stimmen, Begegnungen und Opferzeichen achten. Auch diese Leute nehmen ja wie er nicht an, daß die Vögel und die Begegnenden wüßten, was denen nützt, die diese Zeichen befragen, sondern sie leiten die Andeutungen, die sie erhalten, von den Göttern her. Nur drücken sich die meisten so aus, als ob ihnen durch die Vögel und Begegnenden von dem einen abgeraten, zu dem andern

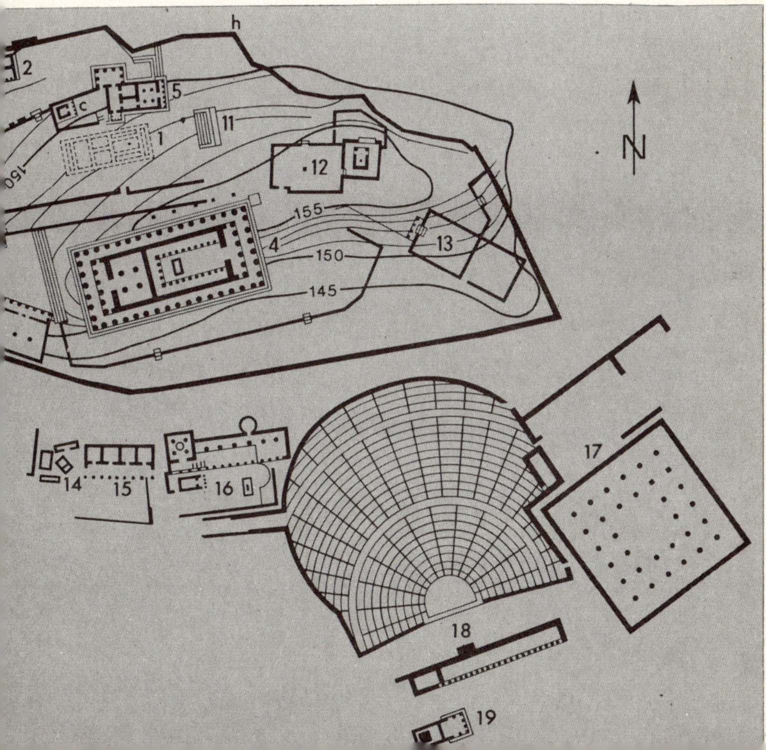

zugeraten würde. Sokrates dagegen sagte seiner Erkenntnis entsprechend, die Gottheit gebe ihm Andeutungen. Auf Grund solcher Vorandeutungen der Gottheit redete er vielen seiner Freunde zu, das eine zu tun, das andere zu lassen, und wer ihm folgte, befand sich gut dabei, wer nicht folgte, hatte es zu bereuen.» («Memorabilien» I, 1, ed. Laskowsky, S. 10–11.)

Betrachtet man diese drei Stellen im Zusammenhang, so ergeben sich drei Momente: Das Daimonion rät erstens niemals zu, sondern es rät immer nur ab. Das Daimonion meldet sich zweitens nicht in ethisch relevanten Fragen, sondern meistens nur in irrelevanten, oft auch nur in Kleinigkeiten, und Sokrates sagt ja ausdrücklich: *und oft in großen Kleinigkeiten widerstand es mir.* Xenophon bringt schließlich drittens das Daimonion in nahen Zusammenhang mit den Orakeln.

Eine sehr allgemeine Angabe finden wir im «Theaitetos»: *Wenn solche dann wiederkommen, meinen Umgang begehrend, und wunder was darum tun, hindert mich doch das Göttliche, was mir zu widerfahren pflegt, mit einigen wieder umzugehen; bei andern dagegen läßt es das zu.* («Theaitetos» 151 a / IV, 115.)

Das Daimonion hat offenbar bei dem Prozeß gegen Sokrates in der Anklage wegen Gottlosigkeit eine Rolle gespielt, und Sokrates sagt selbst: *was auch Meletos in seiner Anklage spottend erwähnt* («Apologie» 31 d / I, 22).

So bezieht auch Euthyphron, als er Sokrates auf seinem Gang zur Halle des Basileus trifft, die Anklage ohne weiteres auch auf das Daimonion:

Sokrates: *Unsinnig genug, mein Guter, wenn man es so hört. Er sagt nämlich, ich erdichtete Götter, und als einen Erdichter neuer Götter, der an die alten nicht glaubt, verklagt er mich eben deshalb, wie er sagt.*

Euthyphron: Ich verstehe, Sokrates. Weil du immer sagst, das Dämonische sei dir widerfahren: so stellt er diese Klage gegen dich an als gegen einen Neuerer in göttlichen Dingen und kommt, um dich zu verleumden, vor Gericht, weil er weiß, daß dergleichen Verleumdungen sehr leicht Eingang finden bei den meisten. Denn auch mit mir, wenn ich in der Gemeinde etwas rede von göttlichen Dingen und ihnen vorhersage, was geschehen wird, treiben sie Spott wie mit einem Wahnsinnigen, und doch ist nichts, was nicht eingetroffen wäre von allem, was ich vorhersagte. Aber doch sind wir alle ihnen verhaßt. Aber man muß sich nur nicht um sie kümmern, sondern geradezu gehen. («Euthyphron» 3 b–c / I, 180.)

Drei konkrete Fälle werden uns erzählt, in denen das Daimonion gesprochen hat, zwei bei Platon, der dritte Fall in einer anderen Quelle. Der erste Bericht findet sich im «Phaidros»:

Als ich im Begriff war, du Guter, durch den Fluß zu gehen, hat sich mir das Daimonische und das gewohnte Zeichen gemeldet, das mich jedesmal abhält, wenn ich etwas tun will, und eine Stimme glaubte ich von dorther zu hören, die mir wehrte, von dannen zu gehen, bevor ich mich gereinigt, als habe ich etwas gesündigt gegen die Gottheit. Nun bin ich auch ein Wahrsager, kein großer zwar, sondern nur wie die, welche schlecht schreiben, soviel ich für mich selbst brauche. Daher also kenne ich schon genau die Versündigung. Denn ein weissagendes Wesen, Freund, ist doch auch die Seele. Denn mich beunruhigte schon lange etwas, als ich noch die Rede sprach, und ich ängstete mich nach dem Ibykos, ob ich nicht gegen Götter «frevelnd eitlen Ruhm von den Menschen tauschte». Nun aber weiß ich die Versündigung. («Phaidros» 242 b–d / IV, 24.)

Der zweite Bericht im «Euthydemos» ist noch deutlicher. Sokrates hat offenbar im Lykaion die gewohnten Gespräche geführt. Er will nach Hause gehen und ist schon im Begriff aufzustehen, da meldet sich das gewohnte Zeichen. Sokrates setzt sich wieder, wartet und nach kurzer Zeit kommen Euthydemos und Dionysodoros mit einer Reihe junger Menschen, und Sokrates kann ein neues Gespräch beginnen, das eben im Dialog «Euthydemos» erzählt wird:

Das soll dir nicht fehlen zu hören; denn ich dürfte wahrlich nicht sagen, daß ich nicht acht auf sie gegeben hätte. Sondern gar sehr habe ich acht gegeben und alles wohl behalten, so daß ich versuchen will, dir von Anfang an alles zu erzählen. Nämlich gewiß durch eines Gottes Gunst saß ich noch da, wo du mich sahst, wo sie sich zu entkleiden pflegen, allein, und war schon im Begriff gewesen aufzustehen; indem ich es aber tun wollte, kam mir das gewohnte Zeichen, das göttliche. Also setzte ich mich wieder, und bald darauf traten diese beiden herein, Euthydemos und Dionysodoros, und mit ihnen noch viele andere, Schüler glaube ich. («Euthydemos» 272 d–273 a / II, 76.)

Schließlich erzählt Plutarch folgende drastische Geschichte: «Einige seiner Schüler gingen, ungeachtet der Warnung des Genius, auf dem Wege fort: und stießen auf eine Herde Schweine, welche sie mit Kot beschmutzte.» (Plutarch de gen. Socr. I, 2, p. 580.) [13]

Wie soll man dies nun alles verstehen? Mir scheint, daß die Berichte, die wir über konkrete Mahnungen des Daimonions haben, durchaus mit dem übereinstimmen, wenn Sokrates selber sagt: daß es sich nämlich oft in Kleinigkeiten melde. Mir scheint weiter, daß dies auch durchaus mit der Grundüberzeugung des Sokrates zusammentrifft, in wirklich relevanten ethischen Fragen dürften nur die Einsicht und die Überzeugung gelten. Charakteristisch dafür ist der Dialog «Kriton». Wir erwähnten ihn schon unter den vier Dialogen zum Tode des Sokrates. Es ist der dritte dieser Dialoge. Sokrates ist im Gefängnis, Kriton, sein alter Freund, ist zu ihm gekommen und will ihn überreden, aus dem Gefängnis und anschließend aus der Stadt zu fliehen. Die Freunde haben alles vorbereitet; ja, wenn Sokrates nicht flöhe, so würden die Athener den Freunden es übel anrechnen, Sokrates nicht zur Flucht verholfen zu haben. Sokrates stellt ganz klar die Frage: Soll ich fliehen? Aber nicht die leiseste Anspielung findet sich, daß das Daimonion dem Sokrates abgeraten hätte zu fliehen. Ganz im Gegenteil, die Frage, ob Sokrates jetzt fliehen soll und ob er jetzt fliehen darf, ist eine Frage, bei der alles auf Einsicht und Überzeugung ankommt. Und Sokrates bringt sich selbst, aber auch den schweren Herzens zustimmenden Kriton, zu der Einsicht: er darf nicht fliehen. Hier wird die Grundüberzeugung von Sokrates deutlich, daß in allen ethisch relevanten Fragen nur die Einsicht gelten darf. Wenn dem so ist, dann bleiben in der Tat für das Daimonion – um es zuzuspitzen – nur die Kleinigkeiten über, und es ist also nicht möglich, das Daimonion als die göttliche Stimme in uns oder als die Stimme des Gewissens zu verstehen.

DER LOGOS

Welche Bedeutung das Daimonion für Sokrates auch immer gehabt haben mag, es ist der Logos, der diesen Mann in seinem Grunde, in seinem Wesen bestimmt. Wenn allerdings im «Theaitetos» die Frage gestellt wird: was ist das Wissen? – und damit eigentlich gemeint ist: was ist die Wissenschaft? –, so läßt sich mit ziemlicher Sicherheit erkennen, daß es sich dabei um eine spezifisch Platonische Fragestellung und um eine spezifisch Platonische Untersuchung handelt. Die Bedeutung des Logos für Sokrates zeigt sich vielleicht am klarsten im «Kriton»:

SOKRATES: *Deine Sorge um mich, du lieber Kriton, ist viel wert, wenn sie nur irgend mit dem Richtigen bestehen könnte; wo aber nicht, so ist sie je dringender um desto peinlicher. Wir müssen also erwägen, ob dies wirklich tunlich ist oder nicht. Denn nicht jetzt nur, sondern schon immer habe ich ja das an mir, daß ich nichts anderem von mir gehorche als dem Satze, der sich mir bei der Untersuchung als der beste zeigt. Das aber, was ich schon ehedem in meinen Reden festgesetzt habe, kann ich ja nun nicht verwerfen, weil mir dieses Schicksal geworden ist; sondern jene Reden erscheinen mir noch ganz als dieselben, und ich schätze und ehre sie noch ebenso wie vorher. Wenn wir also nicht bessere als sie jetzt vorzutragen haben: so wisse nur, daß ich dir nicht nachgeben werde, und wenn auch die Macht der Menge noch mehr, als schon geschieht, um uns wie Kinder einzuschrecken, Gefangenschaft und Tod auf uns losließe und Verlust des Vermögens. Wie können wir also dies recht zu unserer Befriedigung untersuchen? Wenn wir zuerst den Satz aufnehmen wegen der Meinungen, von dem du sprichst, ob wohl für jeden Fall gut gesagt war oder nicht, daß man auf einige Meinungen zwar achten müsse, auf andere aber nicht? Oder ob es zwar, ehe ich sterben sollte, gut gesagt war, nun aber offenbar geworden ist, daß es nur obenhin des Redens wegen gesagt, in der Tat aber nichts war als Scherz und Geschwätz? Ich meines Teils habe Lust, Kriton, dies mit dir gemeinschaftlich zu untersuchen: ob diese Rede mir jetzt etwa wunderlicher erscheinen wird, nun es so mit mir steht, oder noch ebenso; und demgemäß wollen wir sie entweder gehen lassen oder ihr gehor-*

Die Herme mit der Logos-Inschrift (Gruppe B). Neapel, Museo Nazionale

chen. So aber, glaube ich, wurde sonst immer von denen behauptet, die etwas zu sagen meinten, wie ich jetzt eben sagte, daß von den Meinungen, welche die Menschen hegen, man einige zwar sehr hoch achten müsse, andere aber nicht. Sprich nun, Kriton, bei den Göttern, dünkt dich dies nicht gut gesagt zu sein? Denn du bist doch menschlichem Ansehen nach fern davon, morgen sterben zu müssen, und das bevorstehende Schicksal könnte dich nicht bedrücken. Erwäge also: scheint dir das nicht gut gesagt, daß man nicht alle Meinungen der Menschen ehren muß, sondern einige wohl, andere aber nicht, und auch nicht aller Menschen, sondern die einiger wohl, die anderer aber nicht? Was meinst du? Ist das nicht gut gesagt?

KRITON: Gut.

SOKRATES: *Nämlich doch die guten Meinungen soll man ehren, die schlechten nicht?*

KRITON: Ja.

SOKRATES: *Und die guten, sind das nicht die der Vernünftigen, die schlechten aber die der Unvernünftigen?*

KRITON: Wie anders? («Kriton» 46 b–47 a / I, 38–39.)

Die entscheidenden Worte sind: *Denn nicht jetzt nur, sondern schon immer habe ich ja das an mir, daß ich nichts anderem von mir gehorche als dem Satze, der sich mir bei der Untersuchung als der beste zeigt.* Freilich ist auch hier die Übersetzung von Schleiermacher keineswegs befriedigend. Halten wir zunächst den Sinn fest. Kriton will Sokrates überreden, aus dem Gefängnis zu fliehen und sich dadurch dem Todesurteil zu entziehen. Sokrates entgegnet: Man muß nicht tun, was man gern möchte. Wer möchte in dieser Lage nicht fliehen? Man muß auch nicht tun, was die Leute sagen. Kriton und alle anderen Freunde des Sokrates, und man darf wohl annehmen die meisten Athener, waren der Meinung, Sokrates solle fliehen und Sokrates werde fliehen. Aber Sokrates setzt dem entgegen: Man muß das tun, was sich in einer vernünftigen Untersuchung als das Richtige erweist. Dies habe ich, so sagt Sokrates, mein ganzes Leben getan, und dies werde ich auch jetzt tun.

So ist es verständlich, daß dieser Satz sich auf einer Herme des Sokrates befindet, die im Museum in Neapel steht. Die Inschrift lautet, wenn ich statt der griechischen großen Buchstaben (die auf der Abbildung zu erkennen sind) lateinische große Buchstaben wähle:

SOKRATES

EGO OY NYN PRO
TON ALLA KAI AEI TOI
OYTOS OIOS TO(N
EMON MEDE(NI AL
LO PEITHES(THAI
E TO LOGO (OS AN
MOI (LOGIZOMENO
BELTISTOS PHAINETAI

Versucht man die Übersetzung etwas zugänglicher zu gestalten, so ist das entscheidende Wort das griechische Wort LOGOS. Schleiermacher übersetzt mit «Satz». Dies ist gewiß nicht unrichtig, schöpft aber die Bedeutung der Stelle keineswegs aus. Das griechische Wort LOGOS bezeichnet zunächst das Sprechen, und dann das Denken, und sofern es das Denken bedeutet, enthält es wiederum zwei Bedeutungen, das Denken als den Denkvollzug und das Denken als das Gedachte. Diese zweite Bedeutungsaufgliederung findet sich auch im lateinischen Terminus «ratio», das gewöhnlich die Übersetzung von LOGOS ins Lateinische darstellt. Auch ratio bedeutet sowohl das Denken als den Denkvollzug, als auch das Denken als das Gedachte. Die für den griechischen Terminus so wichtige Bedeutung «Sprache» ist aber in «ratio» schon abgestreift. Freilich hat dies griechische Wort für Sprache in sich selbst bereits den Bezug auf das sinnvolle Denken und auf das sinnvoll Gedachte. Übersetzt man nun mit «Satz», dann treten die Bedeutungen der Sprache und des sinnvollen Denkens vielleicht nicht ganz, aber doch fast ganz zurück. Da aber das Wort «Logos» tief in die deutsche Sprache eingedrungen ist, scheint es mir am besten, den griechischen Terminus LOGOS nicht zu übersetzen, sondern ihn als das Lehnwort Logos beizubehalten. Dann würde man paraphrasieren: «Nicht nur in diesem Augenblick, sondern mein ganzes Leben lang halte ich es so, daß ich nichts anderem gehorche als dem Logos, der sich mir in der Untersuchung als der beste erweist.»

Es ist in der Tat der Logos, dessen allbeherrschende Kraft Sokrates sieht und begreift. Die Kraft des Logos kommt zur Zeit des Sokrates mit Macht zum Ausdruck in der beginnenden Naturwissenschaft. Aristophanes – wir werden die Stelle noch kennenlernen – legt in «Die Wolken» dem Sokrates die Erwägung in den Mund, daß der Blitz nicht darin bestehen kann, daß Zeus die Bösen straft.

Es muß zwar offen bleiben, wie weit Sokrates selbst am Entstehen der Naturwissenschaft beteiligt war, daß er aber die Bedeutung des Logos für alle ethischen und moralischen Fragen erkannt hat, kann von niemandem bezweifelt werden. Das Gute besteht nicht darin, was die Leute sagen und was die Leute tun, sondern das Gute hat einen erkennbaren Sinn, und diesen Sinn muß man erfassen und befolgen. Dieser Logos des Sokrates hat gewiß ein Moment des Rationalismus, ein Moment der Aufklärung. Sokrates stellt sich damit gegen fast alles, was Sitte und Brauch den Griechen im Ethischen, ja sogar im Religiösen vorschreiben. Nun ist man weithin gewohnt, Rationalismus und Aufklärung von vornherein als verächtlich zu betrachten, und wir werden diese Betrachtungsweise später auch bei Nietzsche gerade in bezug auf Sokrates noch kennenlernen. Wir selbst können diese romantische Einstellung nicht teilen. Wir betrachten vielmehr die Einsicht des Sokrates in die Kraft des Logos als eine der wichtigsten Einsichten in der Geschichte der Menschheit, und wir würden wünschen, daß jeder von sich sagen könnte: Mein ganzes Leben lang bin ich dem Logos gefolgt, der sich mir als der richtige gezeigt hat.

Eng mit dieser Bedeutung des Logos für Sokrates hängt eine Eigenart zusammen, die den Athenern sehr in die Augen gefallen sein muß. Es war die Eigentümlichkeit des Sokrates, an irgendeinem Ort und zu irgendeiner Zeit in tiefes Nachdenken zu versinken. Als Sokrates zum Gastmahl geht, muß ihn ein bestimmter Gedanke überfallen haben, er bleibt stehen und versinkt in sein gewohntes Nachdenken. Seinen Freunden scheint dies völlig bekannt gewesen zu sein, denn im Eingang des «Gastmahls» ist folgendes gesagt:

«Er sagte nämlich, Sokrates sei ihm begegnet, gebadet und die Sohlen untergebunden, was er selten tat. Daher habe er ihn gefragt, wohin er denn ginge, daß er sich so schön gemacht hätte. – Und jener habe geantwortet: Zum Gastmahl beim Agathon. Denn gestern am Siegesfest bin ich ihm ausgewichen aus Furcht vor dem Gewühl, ich sagte ihm aber zu, auf heute zu kommen. Und nun habe ich mich so herausgeschmückt, um doch schön zu einem Schönen zu kommen. Aber du, setzte er hinzu, Aristodemos, was hältst du davon, ungeladen mitzugehen zum Gastmahl? – Darauf, sprach er, antwortete ich: Das, was du wünschst. – So begleite mich denn, sagte er, damit wir auch dem Sprichwort etwas antun durch eine andere Wendung, daß auch Gute ‹freiwillig zum Mahl erscheinen beim Guten›. Denn Homeros scheint diesem Sprichwort nicht nur etwas Ähnliches angetan, sondern es gar mißhandelt zu haben. Denn obwohl in seinem Gedicht Agamemnon ein ausgezeichnet tüchtiger Mann ist im Kriege, Menelaos aber ‹weichlich war in der Schlacht›, so dichtet er doch, daß, als Agamemnon ein Opfer veranstaltet und ein festliches Mahl, Menelaos ungerufen gekommen sei, der Schlechtere zu dem Mahle des Besseren. – Als er dies gehört, sagte er, habe er geantwortet: Vielleicht aber wird es auch mit mir die Bewandtnis haben, daß ich nicht so, wie du sagst, Sokrates, sondern nach dem Homeros als ein Schlechter bei eines kunstreichen Mannes Fest ungeladen erscheine. Wirst du mich also auch mit etwas entschuldigen, wenn du mich einführst? Denn ich werde nicht eingestehen, daß ich ungeladen erscheine, sondern geladen durch dich. – ‹Nun zwei›, habe jener gesagt, ‹wandelnd zugleich›, wollen wir einer den andern beraten, was wir sagen wollen. Laß uns nur gehen. – So ungefähr, sagte er, hätten sie zusammen gesprochen und wären dann gegangen. Sokrates aber sei, über irgend etwas bei sich nachsinnend, unterwegs zurückgeblieben, und als er auf ihn gewartet, habe er ihn geheißen immer vorangehen. Als er nun an des Agathon Haus gekommen, habe er die Türe offen gefunden, und es sei ihm dort, sagte er, etwas ganz Lächerliches begegnet. Nämlich es sei ihm drinnen gleich ein Knabe entgegengekommen und habe ihn hingeführt, wo die andern sich niedergelassen, die er auch schon im Begriff gefunden zu speisen. Sobald ihn nun Agathon gesehen, habe er gesagt: Schön, daß du kommst, Aristodemos, um mit uns zu essen. Bist du aber wegen etwas anderem gekommen: so laß das auf ein andermal; denn auch gestern suchte ich dich, um dich einzuladen, konnte dich aber nicht finden. Aber wieso bringst du uns den Sokrates nicht mit?

Kelchkrater mit Darstellung eines Symposions und Tänzer (Tarquinia)

– Darauf, sprach er, drehe ich mich um und sehe den Sokrates nirgends nachkommen. Ich sagte also, ich selbst wäre mit dem Sokrates und von ihm geladen hierher zum Mahle gegangen. – Sehr wohl, habe er gesagt, hast du daran getan; aber wo ist denn jener? – Hinter mir ging er eben herein, und ich wundere mich selbst, wo er wohl sein mag. – Willst du nicht nachsehen, Knabe, habe darauf Agathon gesagt, und den Sokrates hereinbringen? Du aber, Aristodemos, habe er gesagt, laß dich neben dem Eryximachos nieder.

Und da habe ihn ein Knabe, sagte er, abgewaschen, damit er sich legen konnte. Darauf sei ein anderer Diener gekommen, meldend, der Sokrates ist abseits gegangen und steht in dem Vorhofe des Nachbarn, und als ich ihn rief, wollte er nicht hereinkommen. – Wunderlicher Bericht, habe Agathon gesagt, so rufe ihn doch und laß nicht ab. – Darauf habe er selbst aber gesagt: Nicht doch, sondern laßt ihn nur. Denn er hat das so in der Gewohnheit, bisweilen hält er an, wo es sich eben trifft, und bleibt stehen. Er wird aber gleich kommen, denke ich; stört ihn nur nicht, sondern laßt ihn. – So wollen wir es so halten, wenn du meinst, habe Agathon gesagt. Uns andere aber, ihr Leute, bedient nun; auf alle Weise tragt auf, was ihr wollt, wenn euch doch niemand Befehl erteilt, was ich noch niemals getan habe. Denkt also, auch ich wäre von euch zum Gastmahl geladen so wie die andern, und bedient uns so, daß wir euch loben können. – Darauf, sagte er, hätten sie angefangen zu speisen. Sokrates aber wäre noch nicht gekommen. Agathon nun habe oftmals Befehl gegeben, den Sokrates zu holen, er aber habe es nicht zugegeben. Endlich sei er doch gekommen, nachdem er sich nicht gar lange Zeit, wie er pflegte, verweilt, sondern als sie etwa bei der halben Mahlzeit gewesen. Agathon also, der zuunterst allein gelegen, habe gesagt: Hierher, Sokrates, lege dich zu mir, damit ich durch deine Nähe auch mein Teil bekomme von der Weisheit, die sich dir dort gestellt hat im Vorhofe. Denn offenbar hast du es gefunden und hast es nun, du hättest ja sonst nicht abgelassen. – Da habe sich Sokrates gesetzt und gesagt: Das wäre vortrefflich, Agathon, wenn es mit der Weisheit so wäre: daß sie, wenn wir einander nahten, aus dem Volleren in den Leereren überflösse, wie das Wasser in den Bechern durch einen Wollstreifen aus dem vollen in den leeren fließt. Denn ist es mit der Weisheit auch so, so ist es mir viel wert, neben dir zu liegen; denn ich denke mich bei dir mit mancherlei schöner Weisheit anzufüllen. Denn die meinige ist wohl nur etwas gar Schlechtes und Unsicheres, da sie wie ein Traum ist; die deinige aber ist glänzend und hat großes Gedeihen, da sie von dir, so jung du auch noch bist, so gewaltig ausgestrahlt und offenbar geworden ist noch neulich vor mehr als dreißigtausend Zeugen. – Du bist ein Spötter, Sokrates, habe Agathon gesagt. Aber das von der Weisheit wollen wir hernach bald miteinander ausmachen, ich und du, und den Dionysos zum Schiedsrichter nehmen. Jetzt aber begib dich nur zunächst ans Speisen.» («Symposion» 174 a–175 e / II, 207–209.)

Wohl die anschaulichste Schilderung dieser Eigentümlichkeit gibt Alkibiades in seiner Lobrede, mit der das «Gastmahl» seinen Abschluß findet:

«Das wäre nun dieses. ‹Doch wie er jenes vollbracht und bestand, der gewaltige Krieger›, auch damals noch beim Heere, das lohnt wohl der Mühe zu hören. Es war ihm etwas eingefallen, und er stand nachsinnend darüber von morgens an auf einer Stelle, und da es ihm nicht voranging, ließ er nicht nach, sondern blieb immer forschend stehen. Nun wurde es Mittag, und die Leute merkten es und erzählten verwundert einer dem andern, daß Sokrates vom Morgen an über etwas nachsinnend dastände. Endlich, als es Abend war und man gespeist hatte, trugen einige Ionier, denn damals war es Sommer, ihre Schlafdecken hinaus, teils um im Kühlen zu schlafen, teils um auf ihn acht zu geben, ob er auch die Nacht über da stehen bleiben würde. Und er blieb stehen, bis es Morgen ward und die Sonne aufging; dann verrichtete er noch sein Gebet an die Sonne und ging fort.» («Symposion» 220 c–d / II, 247–248.)

SOKRATES IST SCHLAGFERTIG

Xenophon überliefert uns einige kurze Wortwechsel, in denen sich Sokrates als überaus schlagfertig und als Meister der Pointe erweist. Bei Platon fehlen solche Kontroversen. Dies liegt vielleicht an der Anlage der Platonischen Dialoge, von denen jeder auf ein größeres Thema zielt. Auch in den längeren Platonischen Dialogen ist Sokrates überaus schlagfertig und pointenreich, doch kommen diese Eigenschaften in den kurzen Berichten des Xenophon viel stärker zur Geltung. Da die von Xenophon überlieferten Wortwechsel nicht nur für Sokrates, sondern auch für das damalige Athen charakteristisch sind, sollen sie hier nicht übergangen werden.

«Als einst jemand in Zorn geriet, weil ihm ein anderer seinen Gruß nicht erwidert hatte, sagte Sokrates: *Wie lächerlich! Wenn du einem begegnetest, der eine schlechtere Körperbildung hat als du, würdest du nicht böse sein; weil du nun aber einen getroffen hast, der weniger Lebensart hat als du, willst du dich ereifern.*

Ein anderer klagte, daß ihm das Essen nicht schmecke. *Akumenos,* sagte Sokrates, *weiß ein gutes Mittel dagegen.* – ‹Was für eins denn?› *Man solle das Essen eine Zeitlang lassen,* antwortete Sokrates, *und dann werde man mit mehr Lust, billiger und gesünder essen.*

Ein anderer wieder klagte, in seinem Brunnen sei das Trinkwasser warm. *Wenn du also warm baden willst, dann wird es dir dazu gerade recht sein.* – ‹Aber zum Baden ist es zu kalt.› – *Ist es denn auch deinen Sklaven nicht recht, wenn sie es trinken und sich damit waschen?* – ‹Beim Zeus, ich habe mich im Gegenteil schon oft wundern müssen, wie gern sie es zu beiden Zwecken gebrauchen.› – *Welches Trinkwasser ist denn wärmer, das in deinem Brunnen oder das im Tempel des Asklepios?* – ‹Das im Tempel.› – *Und welches ist kälter zum Baden, dein Wasser oder das im Tempel des Amphiaraos*?* – ‹Das des Amphiaraos.› – *So nimm dich in acht, daß du nicht den Schein erweckst, unzufriedener zu sein als Sklaven und Kranke.*

Einen, der seinen Bedienten hart züchtigte, fragte Sokrates, warum er ihm zürne. Die Antwort war: ‹Er will viel fressen und für nichts sorgen, viel Geld einstreichen und nichts arbeiten.› – *Hast du schon einmal darüber nachgedacht,* fragte Sokrates, *wer von euch beiden mehr Schläge verdient, du oder dein Diener?*

Einen Mann, der sich vor einer Reise nach Olympia fürchtete, fragte Sokrates: *Warum ist dir bange vor der Reise? Gehst du nicht auch zu Hause den ganzen Tag hin und her? Und was hast du auf der Reise dorthin anderes zu tun als zu gehen, zu frühstükken, wieder zu gehen, die Hauptmahlzeit einzunehmen und dich zur Ruhe zu legen? Siehst du nicht ein, daß du nur die Gänge, die du hier in fünf bis sechs Tagen machst, aneinanderzureihen brauchst, um ganz bequem von Athen nach Olympia zu kommen? Es ist dir*

* Der Tempel des Amphiaraos befand sich bei Oropos in Boiotien, wo es eine Heilquelle gab.

sicherlich auch noch angenehmer, wenn du um einen Tag früher aufbrichst, als wenn du mit Verspätung ankommst. Es ist beschwerlich, die Tagereisen über Gebühr verlängern zu müssen; dagegen gewährt es große Erleichterung, wenn man zu den Reisetagen einen Tag zulegen kann. Es ist also besser, beim Aufbruch zu eilen als auf der Reise.

Ein anderer klagte, daß er von einer langen Reise ganz erschöpft sei. Da fragte Sokrates ihn, ob er auch eine Last getragen habe. Der antwortete: ‹Beim Zeus, nein, das nicht, nur meinen Mantel.› – *Bist du allein gereist, oder hattest du einen Bedienten bei dir?* – ‹Ja, ich hatte einen Bedienten bei mir.› – *Hatte der etwas zu tragen oder nicht?* – ‹Er trug natürlich die Bettdecken und das übrige Gepäck.› – *Und wie ist dem die Reise bekommen?* – ‹Mir scheint, besser als mir.› – *Und wie, meinst du, wäre es dir ergangen, wenn du seine Last getragen hättest?* – ‹Beim Zeus, schlimm, ich hätte sie überhaupt nicht schleppen können.› – *Kannst du so viel weniger aushalten als dein Sklave? Wie, glaubst du, paßt das zu einem Mann, der sportlich geschult ist?*» («Memorabilien» III, 13, ed Laskowsky, S. 124–126.)

SOKRATES UND DIE STAATSMÄNNER

Nachdem Sokrates in seiner Verteidigungsrede vom delphischen Orakel gesprochen hat, berichtet er über seine Gespräche mit den Staatsmännern, den Dichtern und den Handwerkern. In keinem der uns überlieferten Dialoge ist ein solches Gespräch dargestellt, weder mit einem Staatsmann noch mit einem Dichter, noch mit einem Handwerker. Dabei sind uns wenigstens die Dialoge, die Platon geschrieben hat, ausnahmslos erhalten. Es gibt keine Nachricht von einem Platonischen Dialog, den wir nicht mehr besäßen, dagegen dürften mehrere der Dialoge in dem uns vorliegenden Gesamtwerk unecht sein.

Gehen wir zunächst von dem aus, was Sokrates in der «Apologie» über die Staatsmänner sagt:

Bedenkt nun, weshalb ich dieses sage; ich will euch nämlich erklären, woher die Verleumdung gegen mich entstanden ist. Denn nachdem ich dieses gehört, gedachte ich bei mir also: Was meint doch der Gott und was will er etwa andeuten? Denn das bin ich mir doch bewußt, daß ich weder viel noch wenig weise bin. Was meint er also mit der Behauptung, ich sei der Weiseste? Denn lügen wird er doch wohl nicht; das ist ihm ja nicht verstattet. Und lange Zeit konnte ich nicht begreifen, was er meinte; endlich wendete ich mich gar ungern zur Untersuchung der Sache auf folgende Art. Ich ging zu einem von den für weise Gehaltenen, um dort, wenn irgendwo, das Orakel zu überführen und dem Spruch zu zeigen: Dieser ist doch wohl weiser als ich, du aber hast auf mich ausgesagt, indem ich nun diesen beschaute, denn ihn mit Namen zu nennen ist nicht nötig; es war aber einer von den Staatsmännern, auf welche schauend es mir folgendermaßen erging, ihr Athener. Im Gespräch mit ihm schien mir dieser Mann zwar vielen andern Menschen und am meisten sich selbst sehr weise vorzukommen, es zu sein aber nicht. Darauf nun versuchte ich ihm zu zeigen, er glaubte zwar, weise zu sein, wäre es aber nicht; wodurch ich dann ihm selbst verhaßt ward und vielen der Anwesenden. Indem ich also fortging, gedachte ich bei mir selbst, als dieser Mann bin ich nun freilich weiser. Denn es mag wohl eben keiner von uns beiden etwas Tüchtiges oder Sonderliches wissen; allein dieser meint etwas zu wissen, obwohl er nicht weiß, ich aber, wie ich eben nicht weiß, so meine ich es auch nicht. Ich scheine also um dieses wenige doch weiser zu sein als er, daß ich, was ich nicht weiß, auch nicht glaube zu wissen. Hierauf ging ich dann zu einem andern von den für noch weiser als jener Geltenden, und es dünkte mich eben dasselbe,

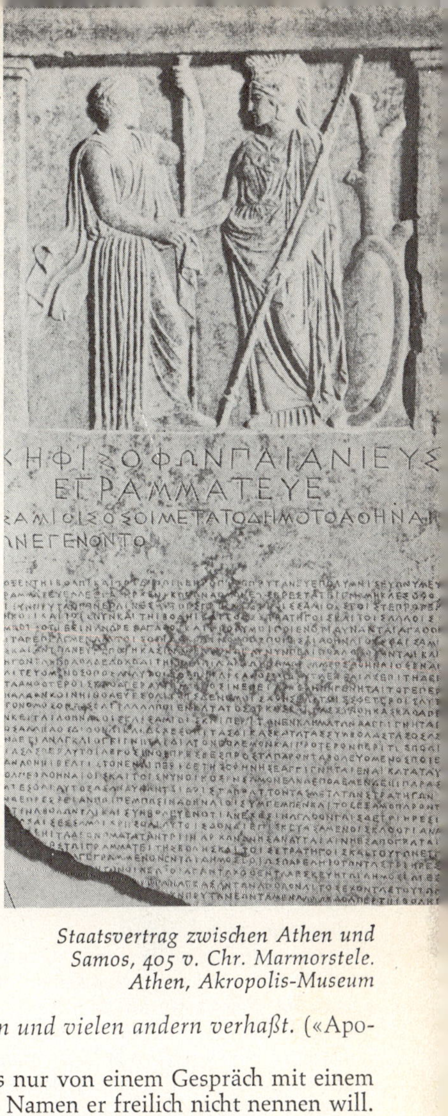

Staatsvertrag zwischen Athen und Samos, 405 v. Chr. Marmorstele. Athen, Akropolis-Museum

und ich wurde dadurch auch ihm und vielen andern verhaßt. («Apologie» 21 a–e / I, 12–13.)

Sokrates spricht hier übrigens nur von einem Gespräch mit einem bestimmten Staatsmann, dessen Namen er freilich nicht nennen will. Mit Sicherheit kann man sagen, daß nicht der Dialog «Laches» dieses Gespräch wiedergeben soll. In einem gewissen Sinn sind freilich Laches und Nikias, die beiden Gesprächspartner des Dialogs, auch Staatsmänner. Aber der Dialog, auf den wir noch ausführlich zurückkommen werden, handelt von der Tapferkeit, und deshalb fungieren Laches und Nikias in diesem Gespräch nicht als Staatsmänner, sondern als Feldherren.

Es läßt sich aber zeigen, daß Sokrates in seinen Gesprächen immer

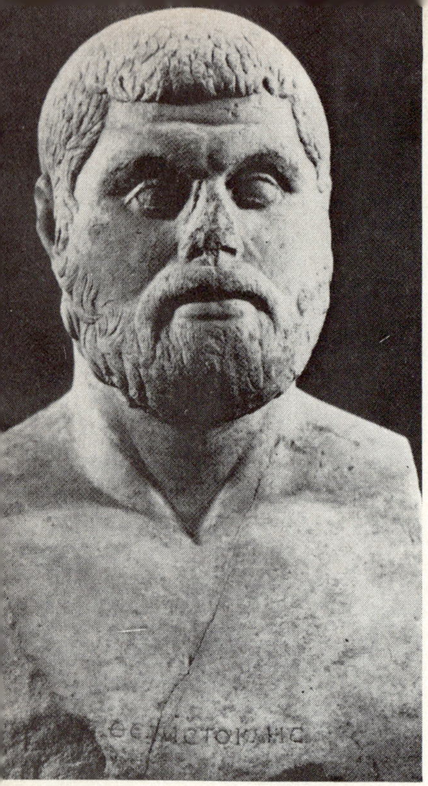

Inschriftlich bezeugte Porträtherme des Themistokles. Ostia, Museum

wieder auf die großen Staatsmänner Athens Bezug nimmt. Wir ziehen nur die wichtigsten Stellen heran. Sokrates steht der entscheidenden Waffe der athenischen Staatsmänner, der Rede in der Versammlung der freien Bürger, skeptisch gegenüber:

Sokrates: *Wie aber die* (Rede) *vor dem Volk der Athener oder überhaupt in Städten vor andern Versammlungen freier Männer? Was ist uns doch diese? Scheinen dir etwa die Redner immer in Beziehung auf das Beste zu sprechen, dieses im Auge habend, daß die Bürger möglichst gebessert werden durch ihre Reden? Oder gehen auch diese nur darauf aus, sich den Bürgern gefällig zu machen, und behandeln, ihres eigenen Vorteils wegen den gemeinsamen vernachlässigend, das versammelte Volk wie Kinder, indem sie ihm nur Vergnügen zu machen suchen, ob es aber besser oder schlechter werden wird dadurch, sich nicht kümmern?*

Kallikles: Das ist nicht mehr so im allgemeinen zu beantworten, denn es gibt solche, die, was sie sagen, aus wahrer Vorsorge für die Bürger sagen, es gibt aber auch solche, wie du sagst.

Sokrates: *Das genügt mir. Denn wenn sich dieses auch teilt: so ist doch der eine Teil Schmeichelei und schlechte Volksbearbeitung; der andere aber wäre etwas Schönes, Besserung zu bewirken für die Seelen der Bürger und immer durchzusetzen, daß man nur das Beste rede, mag es angenehmer sein oder unangenehmer für die Hörer. Aber niemals gewiß hast du diese Redekunst gesehen; oder wenn du einen solchen angeben kannst unter den Rednern, warum hast du ihn mir nicht auch genannt, welcher es sei?*

Kallikles: Ja, beim Zeus, ich weiß dir keinen zu nennen, wenigstens unter den jetzigen Rednern.

Sokrates: *Wie? Etwa unter den alten weißt du einen zu nennen, durch welchen besser geworden zu sein man den Athenern nachsagen kann, seit er angefangen, das Volk zu bearbeiten, da sie vorher schlechter waren? Denn ich weiß nicht, wer dieser ist.*

Kallikles: Wie? Hast du nicht gehört, was für ein vortrefflicher

Mann Themistokles gewesen und Kimon und Miltiades und dieser Perikles, der erst neuerdings gestorben ist und den du noch selbst gehört hast?

SOKRATES: *Ja, Kallikles, wenn nämlich die, welche du vorher meintest, die rechte Tugend ist, Begierden zu befriedigen, seine eignen und andrer; wenn aber nicht dies, sondern was wir in dem späteren Teil des Gesprächs genötigt wurden anzunehmen, nämlich welche Begierden, wenn sie befriedigt werden, den Menschen besser machen, diese zu erfüllen, welche aber schlechter, die nicht, und daß es hierzu einer Kunst bedürfe; kannst du dann wohl sagen, daß irgendeiner von diesen Männern ein solcher gewesen sei?*

KALLIKLES: Ich weiß nicht mehr, was ich sagen soll. («Gorgias» 502 d–503 d / I, 259–260.)

Von der auf die unbedingte Konsequenz gerichteten Ethik des Sokrates her gesehen, gibt es nur eine einzige Aufgabe für den Staatsmann: die Bürger seines Volkes besser zu machen. Vor diesem Maßstab haben freilich alle versagt, Miltiades, Kimon, Themistokles, Perikles:

SOKRATES: *Und Menschen regierte Perikles?*

KALLIKLES: Ja.

SOKRATES: *Wie also? Sollten sie nicht nach dem eben Festgesetzten gerechter unter ihm geworden sein aus Ungerechteren, wenn er sie doch als ein rechter Staatsmann regierte?*

KALLIKLES: Freilich.

SOKRATES: *Nun aber sind die Gerechten zahm, wie Homeros sagt. Was sagst du aber? Nicht eben das?*

KALLIKLES: Ja.

SOKRATES: *Und doch hat er sie wilder gemacht, als er sie vorgefunden hatte, und zwar gegen ihn selbst, was er doch am wenigsten wollte.*

KALLIKLES: Willst du, daß ich dir recht gebe?

SOKRATES: *Wenn dich dünkt, daß ich recht habe?*

KALLIKLES: So sei denn dieses so!

SOKRATES: *Wenn also wilder, dann auch ungerechter und schlechter?*

KALLIKLES: Es sei.

SOKRATES: *Also war Perikles kein guter Staatsmann nach dieser Rede.*

KALLIKLES: Nein, behauptest du freilich.

SOKRATES: *Beim Zeus, auch du, nach dem, was du mir zugegeben hast. Weiter auch wegen des Kimon sage mir doch, haben nicht eben die, deren Bestes er besorgte, ihn aus der Stadt verwiesen, um nur zehn Jahre lang seine Stimme gar nicht zu hören? Und haben sie nicht dem Themistokles dasselbe getan und ihn noch obendrein gänzlich verbannt? Den Miltiades aber, den Sieger bei Marathon, hatten sie schon beschlossen, in der Grube umkommen zu lassen, und wäre nicht der Prytane gewesen, so würde er auch hineingekommen sein. Und doch würde diesen, wären sie so vortrefflich gewesen, wie*

Perikles. Rom, Vatikan

du behauptest, dergleichen nicht begegnet sein. Wenigstens einem guten Wagenführer geht es nicht so, daß er anfangs zwar nicht herunterfällt vom Wagen, wenn er aber seine Pferde erst eine Zeitlang behandelt hat und dadurch auch selbst ein besserer Wagenführer geworden ist, dann herabfällt. Dergleichen kommt nicht vor, weder beim Wagenführen noch bei irgendeinem andern Geschäft. Oder meinst du?

KALLIKLES: Nein freilich.

SOKRATES: *So waren also, wie es scheint, unsere vorigen Reden ganz richtig, daß wir keinen wissen, der ein tüchtiger Staatsmann gewesen wäre in dieser Stadt. Du aber räumtest zwar ein, es gebe keinen unter den jetzigen, unter den früheren aber meintest du doch, und hobst eben diese Männer heraus. Von diesen aber hat sich gezeigt, daß sie den jetzigen ganz gleich sind. So daß, wenn diese Redner waren, sie weder die wahre Redekunst verstanden haben,*

Aristides (?) Rom, Kapitolinisches Museum

denn sonst würden sie nicht durchgefallen sein, noch auch die schmeichlerische. («Gorgias» 516 b–517 a / I, 272–273.)

Aber die großen Staatsmänner haben nicht nur in der Erziehung der freien Bürger versagt, auch ihre eigenen Söhne haben sie nicht gut erzogen. Jetzt greift Sokrates auch auf Aristides zurück, einen der untadeligen Staatsmänner Athens, den die Athener Aristides den Gerechten genannt haben. Über die Erziehung, die diese Großen Athens ihren Söhnen haben angedeihen lassen, äußert sich Sokrates mehr als skeptisch.

SOKRATES: *Und dies erwäge du nun nach deiner eigenen Rede so. Würdest du nicht vom Themistokles sagen, er sei ein tüchtiger Mann gewesen?*

ANYTOS: Ganz vorzüglich.

SOKRATES: *Also auch ein tüchtiger Lehrer, wenn irgendein anderer ein Lehrer in seiner eigenen Tugend war, sei er gewesen?*

ANYTOS: Das glaube ich allerdings, wenn er gewollt hätte.

SOKRATES: *Aber meinst du etwa, er habe nicht gewollt, daß auch andere gut und rechtschaffen werden sollten, vorzüglich sein eigener Sohn? Oder meinst du, er habe es ihm mißgönnt und ihm absichtlich die Tugend nicht mitgeteilt, in welcher er selbst vollkommen war? Und hast du nicht gehört, daß Themistokles seinen Sohn Kleophantos gar trefflich im Reiten unterrichten ließ, so daß er aufrecht auf dem Pferde stehen und so stehend auch vom Pferde herab schießen und sonst viel wunderbar Künstliches machen konnte, worin jener ihn unterrichten und vollkommen machen ließ, soweit es nur irgend von guten Lehrern abhing. Oder hast du dies nicht gehört von den Älteren?*

ANYTOS: Ich habe es gehört.

SOKRATES: *Also kann wohl niemand der Natur seines Sohnes schuldgeben, daß sie untauglich gewesen wäre.*

ANYTOS: Vielleicht wohl nicht.

SOKRATES: *Und wie nun? Daß Kleophantos, der Sohn des Themistokles, ein tüchtiger und weiser Mann geworden wäre darin, worin sein Vater es war, hast du das je von irgend jemand, jung oder alt, gehört?*

ANYTOS: Freilich nicht.

SOKRATES: *Sollen wir also glauben, er habe in jenen Dingen zwar seinen Sohn unterrichten wollen, in der Weisheit aber, die er selbst besaß, ihn um nichts besser machen als einen seiner Nachbarn, wenn doch die Tugend lehrbar wäre?*

ANYTOS: Nicht füglich, beim Zeus.

SOKRATES: *Ein solcher Lehrer in der Tugend ist also dieser, von dem du doch gestehst, daß er zu den trefflichsten der älteren Zeit gehöre! Laß uns noch einen andern betrachten, Aristeides, den Sohn des Lysimachos. Oder stimmst du nicht darin bei, daß dieser rechtschaffen gewesen?*

ANYTOS: Ich auf alle Weise.

SOKRATES: *Ließ nun nicht auch dieser seinen Sohn Lysimachos in allem, wobei es nur auf Lehrer ankam, ganz vorzüglich unter allen Athenern unterrichten: aber dünkt dich, er habe ihn zu einem besseren Manne als irgendeinen gemacht? Denn mit diesem bist du wohl selbst umgegangen und siehst, was für einer er ist. Willst du den Perikles, diesen so herrlich weisen Mann, so weißt du ja, daß er zwei Söhne erzogen hat, den Paralos und Xanthippos.*

ANYTOS: Das weiß ich.

SOKRATES: *Diese nun hat er, wie auch du weißt, im Reiten unterrichten lassen nicht schlechter als irgendein Athener, und die Tonkunst und die Leibesübungen und was nur Kunst ist, ließ er sie lehren nicht schlechter als einer; aber zu tüchtigen Männern wollte er sie etwa nicht machen? Ich denke wohl, er wollte; aber das läßt sich vielleicht nicht lehren! Und damit du nicht glaubst, nur wenige und etwa die schlechtesten unter den Athenern wären unvermögend gewesen hierzu: so erinnere dich, daß Thukydides eben auch zwei*

Söhne erzogen hat, den Melesias und Stephanos, und auch diese übrigens gut unterrichtet, daß sie namentlich die besten Ringer waren in Athen. Denn den einen übergab er den Xanthias, den andern dem Eudoros, welche damals für die vortrefflichsten Ringer galten. Oder erinnerst du dich dessen nicht?

ANYTOS: Gar wohl, vom Hörensagen.

SOKRATES: *Ist nun nicht offenbar, daß dieser gewiß nicht seinen Söhnen nur darin, worin der Unterricht Aufwand erforderte, würde Lehrer gehalten haben, das aber, wozu es gar keines Aufwandes bedurfte, sie zu tüchtigen Männern zu machen, gerade dieses sie nicht würde gelehrt haben, wenn es lehrbar wäre? Aber vielleicht war Thukydides nur ein gemeiner Mann und hatte etwa nicht viel Freunde unter den Athenern und Bundesgenossen. Wohl war er aus einem großen Hause und vielvermögend in der Stadt und unter den andern Hellenen; so daß, wenn dies nur lehrbar wäre, er gewiß, um seine Söhne tugendhaft zu machen, einen gefunden hätte unter den Einheimischen oder Fremden, wenn er selbst nicht Zeit hatte wegen der Geschäfte des Staates. Aber eben, lieber Anytos, die Tugend mag wohl nicht lehrbar sein.* («Menon» 93 b–94 e / II, 35–36.)

Thukydides. Marmorherme. Holkham Hall

Mit den Söhnen des Perikles beschäftigt sich Sokrates auch im Dialog «Protagoras». Es sind Paralos und Xanthippos, die beiden Söhne des Perikles aus seiner ersten Ehe. Sie sind im Gefolge des Sophisten Protagoras und werden sofort beim ersten Auftritt des Sophisten mit eingeführt:

Als wir nun hineintraten, fanden wir den Protagoras im bedeckten Gange herumwandelnd. Mit ihm wandelten hintereinander auf der einen Seite Kallias, der Sohn des Hipponikos, und sein Halbbruder von mütterlicher Seite, Paralos, der Sohn des Perikles, und Charmides, der Sohn des Glaukon; auf der anderen Seite aber der andere Sohn des Perikles, Xanthippos, und Philippides, der Sohn des Philomelos, und Antimoiros von Menda, der gepriesenste unter allen Schülern des Protagoras, der auch ordentlich auf die Kunst bei ihm

Pädagoge zeichnet mit einer Gerte den Startplatz des Waffenläufers. Pelike von Altenburg

lernt, um selbst ein Sophist zu werden. Die übrigen hinter diesen folgenden, Zuhörer nur des Gesprochenen, waren größtenteils Fremde, deren Protagoras aus allen Städten, die er durchzieht, mitbringt, sie mittels der Töne Gewalt kirrend, wie Orpheus, und sie folgen ihm auf den Ton, die Gekirrten; indes befanden sich doch auch einige Einheimische unter dem Chor. («Protagoras» 314 e–315 b / I, 57.)

Für seine Behauptung, daß Tüchtigkeit nicht lehrbar ist, verweist Sokrates nun auf die beiden Perikles-Söhne:

Und nicht nur das versammelte Volk denkt so, sondern auch zu Hause für sich sind unsere verständigsten und vortrefflichsten Mitbürger nicht imstande, diese Tugend, welche sie besitzen, andern mitzuteilen. Perikles zum Beispiel, der Vater dieser beiden jungen Männer, hat sie in allem, was von Lehrern abhing, vortrefflich unterrichten lassen; aber in dieser Sache, worin er selbst weise ist, unterrichtet er sie weder selbst, noch hat er sie einem andern übergeben, sondern sie laufen ganz frei herum und weiden allein, ob sie irgendwo von selbst etwas von dieser Tugend antreffen möchten. Wenn du noch mehr willst, derselbe Perikles ist Vormund von Kleinias, dem jüngeren Bruder dieses Alkibiades hier, und aus Besorgnis, daß er von dem Alkibiades möchte verdorben werden, trennte er ihn von diesem und gab ihn in das Haus der Ariphron, um ihn dort erziehen zu lassen, der aber gab ihn ihm zurück, ehe sechs Monate um waren, weil er nicht wußte, was er mit ihm anstellen sollte. Und so kann ich dir sehr viele andere nennen, welche, selbst treffliche Männer, dennoch niemals irgendeinen besser gemacht haben, weder von ihren Angehörigen noch sonst. («Protagoras» 319 d–320 b / I, 61.)

Auf dies Problem der Söhne großer Väter spielt auch der Anfang des «Laches» an. Lysimachos, der Sohn des Aristides, und Melesias, der Sohn des Thukydides, beratschlagen über die Erziehung ihrer Söhne Aristides und Thukydides, die nach ihren Großvätern genannt sind. Lysimachos, der Sohn des Aristides des Gerechten, war eng mit Sophroniskos, dem Vater des Sokrates, befreundet.

Jetzt aber sind Lysimachos und Melesias bekümmert. Sie können es ihren Vätern an Taten und Ansehen bei weitem nicht gleich tun. Sie finden die Ursache darin, daß ihre Väter sich nur um fremde Angelegenheiten, nicht aber um ihre Söhne gekümmert haben. In der Erziehung ihrer eigenen Söhne wollen sie diesen Fehler nicht wiederholen, und so beginnt der Dialog «Laches» mit einer Frage nach der Erziehung.

«Diese hier sind unsere Söhne, der da ist dessen, nach seinem Großvater Thukydides genannt; der meinige aber hier führt ebenfalls den großväterlichen Namen meines Vaters, denn er heißt Aristeides. Für diese nun haben wir beschlossen, so gut als möglich zu sorgen und nicht, wie die meisten es machen, nun sie halb erwachsen sind, sie gehen und tun zu lassen, was sie wollen, sondern vielmehr nun erst recht anzufangen, die möglichste Sorgfalt auf sie zu wenden.» («Laches» 179 a / I, 153.)

«Weshalb wir nun dieses beschlossen, o Laches und Nikias, müßt ihr hören, wenn es auch etwas ausführlicher sein sollte. Wir nämlich speisen zusammen, ich und Melesias, und unsere Knaben mit uns. Wie ich nun gleich anfangs gesagt, wir wollen freimütig zu euch reden. Jeder von uns nämlich hat von seinem Vater zwar viele schöne Taten zu erzählen, teils welche sie im Kriege getan haben, teils welche im Frieden, sowohl der Bundesgenossen Angelegenheit verwaltend als auch die der Stadt; eigene Taten aber von sich selbst hat keiner von uns den Jünglingen zu erzählen. Deswegen also schämen wir uns vor diesen und klagen auch unsere Väter an, daß sie uns, nachdem wir herangewachsen, nach Gutdünken leben ließen, selbst aber nur fremde Angelegenheiten verwalteten. Diesen Jünglingen aber halten wir das Beispiel vor und sagen ihnen, daß, wenn sie sich vernachlässigen und uns nicht gehorchen, sie auch un-

Sog. Aspasia. Herme. Rom, Vatikan

berühmt bleiben werden, würden sie aber Fleiß anwenden, so könnten sie vielleicht der Namen sich wert machen, welche sie führen. Sie nun versprechen zu gehorchen, und wir denken darauf, was diese wohl lernen und üben müssen, um recht tüchtige Männer zu werden. Da hat uns also einer auch auf diese Kunst gewiesen, daß es wohl einem Jünglinge anständig wäre, in ganzer Rüstung zu fechten, und hat uns dazu diesen gerühmt, welchen ihr eben gesehen habt sich in seiner Kunst zeigen, und uns geheißen, ihm zuzuschauen. Wir aber glaubten, wir müßten nicht nur selbst kommen, ihn zu sehen, sondern auch euch mitnehmen als Mitzuschauer zunächst, dann aber auch als Mitberater und Teilnehmer, wenn ihr wollt, an der Sorge für die Söhne. Dieses ist es, weshalb wir uns mit euch zusammentun wollten. Jetzt also ist es eure Sache, Rat zu erteilen sowohl wegen dieser Kunst, ihr mögt nun meinen, daß sie erlernt werden müsse oder nicht, als auch wegen der übrigen, wenn ihr uns für einen jungen Mann eine Kunst anzurühmen habt oder eine Wissenschaft, und wegen eurer Gemeinschaft mit uns zu sagen, was ihr tun wollt.» («Laches» 179 b–180 a / I, 153–154.)

Daß die Gespräche des Sokrates sich häufig auf die großen Staatsmänner Athens bezogen, lesen wir übrigens auch bei Xenophon.

Vor allem die Berührungen mit Perikles sind vielfältig: Sokrates hat die Rede über den Bau der großen Mauer gehört, die Perikles etwa im Jahre 445/444 hielt («Gorgias» 455 b–e / I, 209–210) und gewiß auch die große Leichenrede des Perikles im Jahre 429 («Menexenos» 236 b / II, 110). Mit den Söhnen des Perikles aus der ersten Ehe ist er gut vertraut («Menon» 94 b / II, 36; «Protagoras» 319 e / I, 61). Auch mit Aspasia muß Sokrates engen Kontakt gehabt haben. Sie lebte etwa 470 bis 410 und war zuerst die Geliebte, dann die zweite Frau von Perikles. Die lange Zeit vorherrschende Meinung, sie sei zunächst eine Hetäre gewesen, wird heute nicht mehr aufrechterhalten (Richter, p. 154; und Verweis auf Judeich[14]). Perikles hatte mit ihr einen Sohn, der nicht nur den Namen seines Vaters trug, sondern dem auch durch besonderen Beschluß das volle Bürgerrecht zuerkannt wurde. Der jüngere Perikles war einer der Feldherrn in der Seeschlacht bei den Arginusen, er wurde in dem Prozeß, an dem Sokrates als Mitglied des Prytanengerichts teilnahm, und in dem Sokrates heftig gegen das Vorgehen des Gerichts protestierte, zum Tode verurteilt. (Die Namen der Verurteilten werden in der kurzen Erwähnung des Prozesses nicht genannt, also auch nicht der Name des jüngeren Perikles.)

Im «Menexenos» erzählt Sokrates, daß Aspasia eine Rede auf die Gefallenen verfaßt habe und daß sie ihn diese Rede gelehrt habe.

Sokrates: *Von mir wäre es wohl gar nicht zu wundern, Menexenos, daß ich imstande wäre, die Rede zu halten, der ich eine gar nicht schlechte Lehrerin habe in der Redekunst, sondern eine, die auch viele andere treffliche Redner gebildet hat, einen aber, der es allen Hellenen zuvortut, den Perikles.*

Menexenos: Wer ist die? Oder du meinst wohl gewiß die Aspasia?

Sokrates: *Die meine ich, und dann auch Konnos, den Sohn des Metrobios. Denn dies sind meine zwei Lehrer, er in der Tonkunst, sie in der Redekunst. Von einem so erzogenen Manne ist wohl nicht zu verwundern, wenn er gewaltig ist im Reden. Aber wer auch minder gut unterrichtet wäre als ich, etwa von Lampros in der Tonkunst und in der Redekunst von Antiphon dem Rhamnusier, auch ein solcher müßte immer noch, wenn er Athener unter Athenern lobte, Beifall finden.*

Menexenos: Und was würdest du wohl zu sagen wissen, wenn du die Rede halten müßtest?

Sokrates: *Ich von mir selbst vielleicht nichts. Aber der Aspasia habe ich noch gestern zugehört, wie sie eine Standrede für eben diesen Fall vortrug. Sie hatte nämlich gehört, eben was du sagst, daß die Athener einen Redner dazu wählen wollten; da hat sie mir dann vorgetragen, einiges aus dem Stegreif, wie man es sagen müßte, anderes auch wohl früher Überlegtes, als sie, denke ich, jene Standrede ausarbeitete, welche Perikles hielt, so daß sie hier einiges dort Übriggelassene zusammenkittete.*

Menexenos: Könntest du dich wohl erinnern, was Aspasia sagte?

Sokrates: *Wenn ich nicht ganz schlecht bin; denn ich habe ja bei ihr gelernt und beinahe Schläge bekommen, weil ich vergeßlich war.*

Menexenos: Warum trägst du es also nicht vor?

Sokrates: *Daß mir die Meisterin nur nicht zürnt, wenn ich ihre Reden ausbringe.*

Menexenos: Gewiß nicht, o Sokrates; sondern sprich nur. Du wirst mir den größten Gefallen erweisen, magst du nun eine Rede der Aspasia vortragen oder wessen sonst; allemal sprich nur.

Sokrates: *Aber du wirst mich auslachen, wenn ich alter Mann dir vorkomme, als triebe ich noch Kinderei.*

Menexenos: Keineswegs, Sokrates, sondern sprich nur auf jede Weise.

SOKRATES: *Dir muß ich freilich gefällig sein; und es fehlt wenig, wenn du haben wolltest, ich sollte mich entkleiden und tanzen, daß ich es täte: da wir ja allein sind. So höre denn. Sie redete nämlich, wie ich glaube, indem sie ihre Rede anhub von den Verstorbenen selbst, also.* («Menexenos» 235 e–236 d / II, 110–111.)

Sokrates gibt dann diese Rede wieder und sagt zum Schluß ausdrücklich:

SOKRATES: *Dieses also, o Menexenos, ist die Rede der Milesierin Aspasia.*

MENEXENOS: Beim Zeus, o Sokrates, glücklich ist Aspasia, wenn sie als eine Frau solche Reden imstande ist auszuarbeiten!

SOKRATES: *Wenn du es nicht glaubst, so komm mit mir, dann kannst du sie selbst vortragen hören.*

MENEXENOS: Ich bin schon oft mit der Aspasia zusammengewesen, o Sokrates, und weiß recht gut, was für eine Frau sie ist.

SOKRATES: *Wie also? Bewunderst du sie nicht und weißt ihr jetzt Dank für die Rede?*

MENEXENOS: Gar vielen Dank, o Sokrates, weiß ich für diese Rede, ihr oder ihm, wer immer sie dir mitgeteilt hat, und außerdem vor vielen andern Dank dir, der sie mir gesagt hat.

SOKRATES: *Das wäre gut, aber daß du es mir nur nicht nachsagst, damit ich dir auch in Zukunft noch viele schöne Staatsreden von ihr mitteilen kann.*

MENEXENOS: Sei ruhig, ich werde nichts nachsagen, bringe sie mir nur.

SOKRATES: *Das soll geschehen.* («Menexenos» 249 d–e / II, 122.)

SOKRATES UND DIE DICHTER

Auf die Auseinandersetzung mit den Staatsmännern läßt Sokrates in der «Apologie» die Auseinandersetzung mit den Dichtern folgen:

Nach diesem ging ich schon nach der Reihe vor, bemerkend freilich und bedauernd, und auch in Furcht darüber, daß ich mich verhaßt machte; doch aber dünkte es mich notwendig, des Gottes Sache über alles andere zu setzen; und so mußte ich denn gehen, immer dem Orakel nachdenkend, was es wohl meine, zu allen, welche dafür galten, etwas zu wissen. Und beim Hunde, ihr Athener, – denn ich muß die Wahrheit zu euch reden – wahrlich, es erging mir so. Die Berühmtesten dünkten mich beinahe die Armseligsten zu sein, wenn ich es dem Gott zufolge untersuchte, andere, minder Geachtete aber noch eher für vernünftig gelten zu können. Ich muß euch wohl mein ganzes Abenteuer berichten, mit was für Arbeiten gleichsam ich mich gequält habe, damit das Orakel mir ja ungetadelt bliebe. Nach den Staatsmännern nämlich ging ich zu den Dichtern, den tragischen sowohl als den dithyrambischen und den übrigen, um dort mich selbst durch die Tat zu überführen als unwissender denn sie. Von ihren Gedichten also diejenigen vornehmend, welche sie mir am vorzüglichsten schienen ausgearbeitet zu haben, fragte ich sie aus, was sie wohl damit meinten, auf daß ich auch zugleich etwas lernte von ihnen. Schämen muß ich mich nun freilich, ihr Männer, euch die Wahrheit zu sagen: dennoch soll sie gesagt werden. Um es nämlich geradeheraus zu sagen, fast sprachen alle Anwesenden besser als sie selbst über das, was sie gedichtet hatten. Ich erfuhr also auch von den Dichtern in kurzem dieses, daß sie nicht durch Weisheit dichteten, was sie dichten, sondern durch eine Naturgabe und in der Begeisterung, eben wie die Wahrsager und Orakelsänger. Denn auch diese sagen viel Schönes, wissen aber nichts von dem, was sie sagen; ebenso nun ward mir deutlich, erging es auch den Dichtern. Und zugleich merkte ich, daß sie glaubten, um ihrer Dichtung willen auch in allem übrigen sehr weise Männer zu sein, worin sie es nicht waren. Fort ging ich also auch von ihnen mit dem Glauben, sie um das nämliche zu übertreffen wie auch die Staatsmänner. («Apologie» 21 e–22 c / I, 13.)

Auch hier haben wir unter den erhaltenen Gesprächen keinen Dialog mit einem Dichter. In gewisser Weise gehört zwar der Dialog «Ion» dazu, aber nur in gewisser Weise. Ion nämlich, der Gesprächspartner in diesem frühen Dialog, der wohl der erste Platons gewesen sein könnte, ist nicht Dichter, sondern Rhapsode; es ist sein Beruf, die «Ilias» und die «Odyssee» öffentlich vorzutragen. Allerdings finden sich im «Ion» Aussagen über das Wesen der Dichtung, die mit dem, was Sokrates in der «Apologie» sagt, völlig übereinstimmen.

SOKRATES: *Ich sehe ja zu, o Ion, und fange schon an, dir zu zeigen, was mich dies zu sein dünkt. Nämlich dies wohnt dir nicht als Kunst bei, gut über den Homeros zu reden, wie ich eben sagte, sondern als eine göttliche Kraft, welche dich bewegt, wie in dem Steine, der vom Euripides der Magnet, gewöhnlich aber der Herakleiische genannt wird. Denn auch dieser Stein zieht nicht nur selbst die eisernen Ringe, sondern er teilt auch den Ringen die Kraft mit, daß sie eben dieses tun können wie der Stein selbst, nämlich andere Ringe ziehen, so daß bisweilen eine ganze lange Reihe von Eisen und Ringen aneinander hängt; allen diesen aber ist ihre Kraft von jenem Steine angehängt. Ebenso auch macht zuerst die Muse selbst Begeisterte, und an diesen hängt eine ganze Reihe anderer durch die sich Begeisternder. Denn alle rechten Dichter alter Sagen sprechen nicht durch Kunst, sondern als Begeisterte und Besessene alle diese schönen Gedichte, und ebenso die rechten Liederdichter, und so wenig die, welche vom tanzenden Wahnsinn befallen sind, mit vernünftigem Bewußtsein tanzen, so dichten auch die Liederdichter nicht bei vernünftigem Bewußtsein diese schönen Lieder, sondern wenn sie von Harmonie und Rhythmus erfüllt sind, dann werden sie den Bacchen ähnlich, und begeistert, wie diese aus den Strömen Milch und Honig nur wenn sie begeistert sind schöpfen, wenn aber ihres Be-*

wußtseins mächtig, dann nicht, so bewirkt auch der Liederdichter Seele dieses, wie sie auch selbst sagen. Es sagen uns nämlich die Dichter, daß sie aus honigströmenden Quellen aus gewissen Gärten und Hainen der Musen pflückend diese Gesänge uns bringen, wie die Bienen, auch selbst so umherfliegend. Und wahr reden sie. Denn ein leichtes Wesen ist ein Dichter und geflügelt und heilig, und nicht eher vermögend zu dichten, bis er begeistert worden ist und bewußtlos und die Vernunft nicht mehr in ihm wohnt. Denn solange er diesen Besitz noch festhält, ist jeder Mensch unfähig, zu dichten oder Orakel zu sprechen. Weil sie nun nicht durch Kunst dichtend Vieles und Schönes über die Dinge sagen, eben wie du über den Homeros, sondern durch göttliche Schickung: so ist nun deshalb jeder nur dasjenige schön zu dichten vermögend, wozu die Muse ihn antreibt, der Dithyramben, der Lobgesänge, der Tänze, der Sagen, der Jamben, und im übrigen ist jeder schlecht. Nämlich nicht durch Kunst bringen sie dieses hervor, sondern durch göttliche Kraft. Denn wenn sie durch Kunst über eines schön zu reden wüßten, würden sie es auch über alles andere. Daher auch der Gott nur, nachdem er ihnen die Vernunft genommen, sie und die Orakelsänger und die göttlichen Wahrsager zu Dienern gebraucht, damit wir Hörer gewiß wissen mögen, daß nicht diese es sind, welche das sagen, was soviel wert ist, denen ihre Vernunft ja nicht innewohnt; sondern daß der Gott selbst es ist, der es sagt, und daß er nur durch diese zu uns spricht. Ein großer Beweis für diese Rede ist Tynnichos der Chalkidier, der nie irgendein anderes Gedicht gedichtet hat, dessen es nur lohnte zu erwähnen, doch aber diesen Päan, den jedermann singt, fast unter allen Liedern das schönste, recht, wie er selbst sagt, einen Fund der Musen. Denn an ihm scheint ganz vorzüglich der Gott uns dieses gezeigt zu haben, damit wir ja nicht zweifeln, daß diese schönen Gedichte nicht Menschliches sind und von Menschen, sondern Göttliches und von Göttern, die Dichter aber nichts sind als Sprecher der Götter, besessen jeder von dem, der ihn eben besitzt. Um dies zu zeigen, hat recht absichtlich der Gott durch den schlechtesten Dichter das schönste Lied gesungen. Oder dünkt dich nicht, daß ich recht habe, Ion?

ION: Ja, beim Zeus, mich dünkt es gewiß. Denn du ergreifst mir recht die Seele mit deinen Worten, Sokrates; und ich glaube wohl, daß durch göttliche Schickung die rechten Dichter uns dies von den Göttern überbringen. («Ion» 533 c–535 a / I, 102–104.)

Aufschlußreich erscheint es, Sokrates' eigenes Verhältnis zu den Dichtern zu betrachten. Freilich ist hier eine Scheidung zwischen Sokrates und Platon kaum möglich, denn beide leben völlig in der griechischen Dichtung, und beide sind mit den Texten ihrer Dichter so vertraut, daß sie sie auswendig beherrschen. Aber gilt dies für beide, so gilt es eben auch für Sokrates allein.

Homer steht natürlich an erster Stelle. In den gesamten Dialogen Platons finden sich weit über 100 Zitate aus der «Ilias» und aus der «Odyssee», und von ihnen ein ansehnlicher Teil in den frühen

Dialogen, die wir im wesentlichen als Darstellungen des Sokrates betrachten. So wird man denn das Lob Homers im «Ion» als die Meinung des Sokrates betrachten dürfen:

Wahrlich, oft habe ich schon euch Rhapsoden beneidet um eure Kunst. Denn sowohl daß am Leibe immer geschmückt zu sein und euch aufs schönste zu zeigen eurer Kunst angemessen ist, als auch daß ihr in der Notwendigkeit seid, mit vielen andern trefflichen Dichtern euch zu beschäftigen, besonders aber mit dem Homeros, dem trefflichsten und göttlichsten der Dichter, und seinen Sinn zu verstehen, nicht seine Worte nur, das ist beneidenswert. Denn es kann doch keiner ein Rhapsode sein, wenn er nicht versteht, was der Dichter meint; da ja der Rhapsode den Zuhörern den Sinn des Dichters überbringen soll, und dies gehörig zu verrichten, ohne einzusehen, was der Dichter meint, ist unmöglich. Dies alles also ist beneidenswert. («Ion» 530 b–c / I, 99.)

Homer. Kopie der frühen Kaiserzeit nach dem Kopf einer verlorenen Bronzestatue um 450 v. Chr. München, Glyptothek

Dagegen glaube ich, daß die scharfen Angriffe auf die Dichter im allgemeinen und auf Homer im besonderen, die sich im «Staat» finden, als die Meinung Platons zu betrachten sind:

«Und gewiß, sprach ich, auch an vielem anderen in diesem Staate bemerke ich, daß wir ihn vortrefflich angelegt haben, nicht am schwächsten aber behaupte ich dies, wenn ich an die Dichtkunst denke. – An was doch? fragte er. – Daß wir auf keine Weise aufnehmen, was von derselben darstellend ist. Denn daß diese ganz vorzüglich nicht aufzunehmen sei, das zeigt sich, wie mich dünkt, jetzt noch deutlicher, seitdem wir die verschiedenen Teile der Seele einzeln voneinander gesondert haben. – Wie meinst du das? – Um es nur zu euch zu sagen – denn ihr werdet mich doch nicht angeben bei den Tragödiendichtern und den übrigen Darstellenden insgesamt –, mir scheint dergleichen alles ein Verderb zu sein für die Seelen der Zuhörer, so viele ihrer nicht das Heilmittel besitzen, daß sie wissen, wie es sich damit verhält. – In welcher Hinsicht sagst du dieses? – Ich muß mich wohl erklären, sprach ich, wiewohl eine Liebe und Scheu, die ich von Kindheit an für den Homeros hege, mich hindern will zu reden. Denn er mag wohl aller dieser trefflichen Tragiker erster Lehrer und Anführer gewesen sein. Aber kein Mann soll uns doch über die Wahrheit gehen; also muß ich wohl sagen, was ich denke.» («Politeia» 595 a–c / III, 288.)

Diese entschiedene Ablehnung fast der gesamten Dichtkunst umfaßt die Kapitel 1 bis 8 des zehnten Buches, also des Abschlusses der «Politeia». Als charakteristisch darf außerdem folgende Stelle gelten:

«Und doch haben wir die größte Anklage gegen sie noch nicht vorgebracht; denn daß sie imstande ist, auch die Wohlgesinnten, einige gar wenige ausgenommen, zu verderben, das ist doch gar arg. – Ganz gewiß, wenn sie dies nur wirklich tut. – So höre und überlege. Auch die Besten von uns, wenn wir den Homeros hören oder einen andern Tragödiendichter, wie er uns einen Helden darstellt in trauriger Bewegung und eine lange Klagerede haltend, oder auch singende und sich heftig gebärdende: so wird uns wohl zumute, wir geben uns hin und folgen mitempfindend, und die Sache sehr ernsthaft nehmend, loben wir den als einen guten Dichter, der uns am meisten in diesen Zustand versetzt. – Das weiß ich; wie sollten wir auch nicht? – Wenn aber einen von uns ein eigner Kummer trifft: so merkst du doch, daß wir dann ganz im Gegenteil unseren Ruhm darein setzen, wenn wir imstande sind, ruhig zu sein und auszuharren, weil das die Sache eines Mannes sei, jenes aber weibisch, was wir damals lobten? – Das merke ich, sagte er. – Ist das nun wohl ein feiner Ruhm, wenn man jemanden sieht, so wie man selbst nicht sein möchte, sondern sich schämen würde, davor sich nicht zu ekeln, sondern sich daran zu freuen und es zu loben? – Das scheint, sagte er, beim Zeus, wohl nicht vernünftig. – Gewiß, sprach ich, wenn du es auch noch so betrachten wolltest. – Wie? – Wenn du bedenken wolltest, daß das damals bei eigenen Unfällen mit Gewalt Zurückgehaltene und gleichsam Ausgehungerte, indem es sich nicht hat sattweinen und zur Genüge ausjammern können, obwohl es von Natur so geartet ist, hiernach zu begehren, daß gerade dieses dann von den Dichtern befriedigt wird und sich wohl befindet; das von Natur Beste aber in uns, weil noch nicht hinreichend durch Wort und Sitte gebildet, in der Achtsamkeit auf dieses Tränenreiche nachläßt, weil es ja nur fremde Zustände betrachtet und für es selbst ja nichts Schmähliches darin liegt, wenn ein anderer, der sich für einen trefflichen Mann gibt, unzeitig trauert, diesen zu loben und Mitleid mit ihm zu haben; sondern jene Lust wird für baren Gewinn genommen, und man möchte sie nicht gern missen, das ganze Gedicht verwerfend. Denn so, glaube ich, pflegen nur wenige zu rechnen, daß man doch von dem Fremden notwendig etwas zu genießen bekommt für das Eigene und daß, wenn man aus jenem das Trübselige genährt und gestärkt hat, es bei eigenen Unfällen nicht leicht sein wird, es im Zaum zu halten. – Sehr wahr, sagte er. – Und verhält es sich etwa mit dem Lächerlichen nicht ebenso? Wenn du einen Schwank, den du dich schämen würdest selbst zu machen, doch, hörst du ihn in dem öffentlichen Lustspiel oder in einem kleinen Kreise, gewaltig belachst und nicht als etwas Schlechtes abweist: so tust du dasselbe wie dort bei den Klagen. Was du nämlich durch Vernunft zurückhieltest, wenn es in dir selbst Schwänke machen wollte, weil du doch den Ruf eines Possenreißers scheutest, das läßt du nun wieder los; und hast du es dort aufgefrischt, so wirst du unvermerkt bald auch in deinem eigenen Kreise so weit ausschlagen, daß du einen Spaßmacher vorstellst. – Sehr leicht wohl, sagte er. – Und auch mit dem Geschlechtstrieb und dem Unwillen und allem, was es der Begierde Angehöriges oder der Lust und Unlust Verwandtes in der Seele gibt, wie wir denn zugeben, daß dieses uns durch alle Verhältnisse begleitet, ist es dann so, daß uns die dichterische Nachbildung dergleichen antut. Denn sie nährt und begießt alles dieses, was doch sollte ausgetrocknet werden, und macht es in uns herrschen, obwohl es doch müßte beherrscht werden, wenn wir Bessere und Glückseligere statt Schlechtere und Elendere werden sollen. – Ich weiß nichts dagegen zu sagen, sprach er. – Also, sagte ich, o Glaukon, wenn du Lobredner des Homeros antriffst, welche behaupten, dieser Dichter habe Hellas gebildet, und bei der Anordnung und Förderung aller menschlichen Dinge müsse man ihn zur Hand nehmen, um von ihm zu lernen, und das ganze eigene Leben nach diesem Dichter einrichten und durchführen: so mögest du sie dir gefallen lassen und mit ihnen, als die so gut sind, wie sie nur immer können, vorliebnehmen, auch ihnen zugeben, Homeros sei der dichterischste und erste aller Tragödiendichter, doch aber wissen, daß in den Staat nur der Teil von der Dichtkunst aufzunehmen ist, der Gesänge an die Götter und Loblieder auf treffliche Männer hervorbringt. Wirst du aber die süßliche Muse aufnehmen, dichte sie nun Gesänge oder gesprochene Verse: so werden dir Lust und Unlust im Staate das Regiment führen statt des Gesetzes und der jeweils von der Gesamtheit für das beste gehaltenen vernünftigen Gedanken.» («Politeia» 605 c–607 a / III, 296–298.)

Diese Ablehnung der Dichtung, insbesondere der Dichtung Homers, ist dermaßen schulmeisterlich und hängt andererseits so eng mit dem utopischen Moment der «Politeia» zusammen, daß man wohl annehmen darf: hier spricht Platon selbst, und zwar der ältere Platon.

Etwa fünfundzwanzig Zitate aus «Werke und Tage» und der «Theogonie», den beiden großen, uns erhaltenen Werken Hesiods (8. Jh.), ziehen sich durch alle Dialoge Platons, auch durch die beiden frühen sokratischen Dialoge. In dem Schlußwort, das Sokrates nach seiner Verurteilung spricht, wird Hesiod unter denen genannt, die Sokrates nach seinem leiblichen Tode zu treffen hofft:

Ist aber der Tod wiederum wie eine Auswanderung von hinnen an einen anderen Ort und ist das wahr, was gesagt wird, daß dort

Hesiod.
Rom, Kapitolinisches Museum

alle Verstorbenen sind, was für ein größeres Gut könnte es wohl geben als dieses, ihr Richter? Denn wenn einer, in der Unterwelt angelangt, nun dieser sich so nennenden Richter entledigt, dort die wahren Richter antrifft, von denen auch gesagt wird, daß sie dort Recht sprechen, den Minos und Rhadamanthys und Aiakos und Triptolemos, und welche Halbgötter sonst gerecht gewesen sind in ihrem Leben, wäre das wohl eine schlechte Umwanderung? Oder auch mit dem Orpheus umzugehen und Musaios und Hesiodos und Homeros, wie teuer möchtet ihr das wohl erkaufen? Ich wenigstens will gern oftmals sterben, wenn dies wahr ist. («Apologie» 40 e–41 b / I, 30.)

Im «Ion» wird er gleichzeitig mit Homer und Archilochos genannt, und auch im «Charmides» beruft sich Sokrates ausdrücklich auf Hesiod:

Dies habe ich nämlich vom Hesiodos gelernt, welcher sagt: Keine Verrichtung ist Schande. Glaubst du denn, wenn er dergleichen hätte Verrichtungen genannt und Verrichten und Tun, was du jetzt anführtest, er würde behauptet haben, es sei niemandem Schande, Schuhe zu machen oder zu hökern oder sich selbst feil zu haben? Das darf man ja wohl nicht glauben, Sokrates, sondern auch er, glaube ich, hielt Machen für etwas anderes als Verrichten und Tun, und daß etwas zu machen wohl bisweilen Schande wäre, wenn das Schöne nicht dabei ist, keine Verrichtung aber jemals Schande wäre. Denn nur was schön und nützlich gemacht ist, nannte er Werke, und nur ein solches Machen Verrichtungen und Handlungen. Und man muß behaupten, nur dergleichen habe er für das einem jeden Gehörige gehalten, alles Schädliche aber für ungehörig. So daß man glauben muß, auch Hesiodos und jeder andere, wer nur vernünftig ist, halte den, der das Seinige tut, für besonnen. («Charmides» 163 b–c / I, 137.)

Auch Archilochos, der im siebenten, vielleicht auch noch zu Beginn des sechsten Jahrhunderts lebte und in einem Gedicht selbst sein Doppelleben als Kriegsmann und als Dichter beschreibt (Archilochos Frag. 1), wird mehrfach erwähnt. Im «Staat» weist Platon auf Archilochos hin:

«Wenn also ‹das Scheinen›, wie auch die Weisen bekunden, ‹die Wahrheit selbst bewältigt› und das ist, wovon die Glückseligkeit abhängt: so muß ich mich denn ganz zu diesem wenden. Als Vorhof also und Außenseite muß ich rings um mich her einen Abriß der Tugend beschreiben, aber des allerweisesten Archilochos gewinnkundigen und verschlagenen Fuchs muß ich hinterherziehen.» («Politeia» 365 c / III, 103.)

Im «Ion» nennt Sokrates Archilochos und Hesiod in einem Atem mit Homer:

Jetzt aber beantworte mir nur dieses, ob du nur über den Homeros so gewaltig bist oder auch über den Hesiodos und Archilochos? («Ion» 531 a / I, 99.)

SOKRATES: *Nun behauptest du doch, daß Homeros und die anderen Dichter, unter denen ja auch Hesiodos und Archilochos sind, über dieselben Gegenstände sprechen; aber nicht auf gleiche Art, sondern jener gut, diese aber schlechter.*

ION: Und das ist auch wahr, wie ich es sage. («Ion» 532 a / I, 101.)

Auf Anakreon – er lebte etwa 572 bis 487, zeitweise in Samos als ein Freund des Polykrates, zeitweise in Athen, wo der Tyrann Hipparchos sein Gönner war – und auf Sappho spielt Sokrates im «Phaidros» an:

So jetzt gleich kann ich es nicht sagen; offenbar aber habe ich dergleichen von irgend jemand gehört, entweder von der schönen Sappho oder von dem weisen Anakreon, oder auch von Schriftstellern in ungebundener Rede. Woher ich dieses schließe? Voll ja, du Teurer, tragend die Brust fühle ich, daß ich ganz andere Dinge als jener zu sagen hätte, und nicht schlechtere. Daß ich nun aus mir selbst nichts davon ersonnen habe, weiß ich gewiß, da ich meines Unverstandes mir bewußt bin. Also, denke ich, bleibt nur übrig, daß ich aus fremden Strömen durch Zuhören angefüllt worden bin, wie ein Gefäß; aus Albernheit aber habe ich auch das

Archilochos. Hellenistische Sitzstatue eines griechischen Lyrikers. Es könnte sich auch um Pindar handeln. Das griechische Original dürfte aus dem 3. oder 2. Jahrhundert v. Chr. stammen. Kopenhagen, Ny Carlsberg Glyptothek

schon wieder vergessen, wie und von wem ich es gehört. («Phaidros» 235 c–d / IV, 17.)

Im «Charmides», einem der spezifisch sokratischen Dialoge, weist Sokrates darauf hin, daß Anakreon Gedichte auf das väterliche Haus von Charmides – es war auch das Haus Platons – gemacht hat.[15]

«Denn euer väterliches Haus von Kritias, dem Sohne des Dropides her, ist uns durch die Gesänge des Anakreon sowohl als durch Solons und anderer Dichter Überlieferung angepriesen als ausgezeichnet durch Schönheit und Tugend und was man sonst zur Glückseligkeit zu rechnen pflegt; und das mütterliche ebenso.» («Charmides» 157 e–158 a / I, 133.)

Anakreon. Rom, Museo Nuovo dei Conservatori

In seiner etwa vier Wochen dauernden Gefängniszeit hat sich Sokrates damit beschäftigt, die Fabeln Aisopos' in Verse zu bringen. (Der Fabeldichter Aisopos lebte etwa von 610 bis 564; er wurde in einem Streit in Delphi erschlagen. Ob alle in der uns überlieferten Sammlung[16] enthaltenen Fabeln von Aisopos selbst sind, ist jedoch zweifelhaft.)

«Darauf nahm Kebes das Wort und sagte: Beim Zeus, Sokrates, das ist gut, daß du mich daran erinnerst. Denn nach deinen Gedichten, die du gemacht hast, indem du die Fabeln des Aisopos in Verse gebracht, und nach dem Vorgesang an den Apollon, haben mich auch andere schon gefragt, und noch neulich Euenos, wie es doch zugehe, daß, seitdem du dich hier befindest, du Verse machst, da du es zuvor nie getan hast. Ist dir nun etwas daran gelegen, daß ich dem Euenos zu antworten weiß, wenn er mich wieder fragt, und ich weiß gewiß, das wird er: so sprich, was ich ihm sagen soll. – Sage ihm denn, sprach er, o Kebes, die Wahrheit, daß ich es nicht tue, um etwa gegen ihn und seine Gedichte aufzutreten, denn das, wüßte ich wohl, wäre nicht leicht, sondern um zu versuchen, was wohl ein gewisser Traum meine, und mich vor Schaden zu hüten, wenn etwa dies die Musik wäre, die er mir anbefiehlt. Es war nämlich dieses: es ist mir oft derselbe Traum vorgekommen in dem nun vergangenen Leben, der mir bald in dieser, bald in jener Gestalt erscheinend immer dasselbe sagte: O Sokrates, sprach er, mach und treibe Musik. Und ich dachte sonst immer, nur zu dem, was ich schon tat, ermuntere er mich und treibe mich noch mehr an, wie man die Laufenden anzutreiben pflegt, so ermuntere mich auch der Traum zu dem, was ich schon tat, Musik zu machen, weil nämlich die Philosophie die vortrefflichste Musik ist und ich diese doch trieb. Jetzt aber, seit das Urteil gefällt ist und die Feier des Gottes meinen Tod noch verschoben hat, dachte ich doch, ich müsse, falls etwa der Traum mir doch beföhle, mit dieser gewöhnlichen Musik mich zu beschäftigen, auch dann nicht ungehorsam sein, sondern es tun. Denn es sei doch sicherer, nicht zu gehen, bis ich mich auch so vorgesehen und Gedichte gemacht, um dem Traum zu gehorchen. So habe ich denn zuerst auf den Gott gedichtet, dem das Opfer eben gefeiert wurde, und nächst dem Gott, weil ich bedachte, daß ein Dichter, wenn er ein Dichter sein wolle, Fabeln dichten müsse und nicht vernünftige Reden und ich selbst nicht erfindsam bin in Fabeln, so habe ich deshalb von denen, die bei der Hand waren und die ich kannte, den Fabeln des Aisopos, welche mir eben vorkamen, in Verse gebracht.» («Phaidon» 60 c–61 b / III, 13–14.)

Simonides (etwa 556 bis etwa 468) lebte an den Höfen der großen Staatsmänner und Tyrannen, bei Hipparchos in Athen, bei Skopas in Thessalien, bei Hieron in Syrakus, bei Pausanias in Sparta. Hierauf spielt Platon im zweiten Brief an:

«Es liegt in der Natur, daß tiefe Einsicht und große Macht zu einem sich verbinden; beide streben gegenseitig das eine nach dem andern, suchen sich auf und vereinigen sich; ferner mögen auch die Menschen gern unter sich darüber sich besprechen und von andern es sich berichten lassen, sowohl im Einzelverkehr als in dichterischen Erzeugnissen, wie sie z. B., wenn sie vom Hieron und dem Lakedaimonier Pausanias sprechen, ihres Umganges mit dem Simonides erwähnen, wie dieser gegen jene sich benahm und äußerte; so pflegen sie auch des Korintherfürsten Periandros und des Milesiers Thales nebeneinander lobend zu gedenken, des Perikles und Anaxagoras und des Kroisos und Solon als weiser Männer sowie des Kyros als eines Großmächtigen. Das ahmen die Dichter nach und führen den Kreon und Teiresias nebeneinander auf, so wie den Polyeidos und Minos, Agamemnon und Nestor, Odysseus und Palamedes. Meinem Bedünken nach brachten die ersten Menschen auf irgendeine solche Weise auch den Prometheus und den Zeus in Verbindung.» (2. Brief 310 e–311 b / I, 288.)

In den Platonischen Dialogen finden wir zwei Stellen, in denen Sokrates Verse des Simonides interpretiert. Das eine Mal im «Protagoras» (338 b f / I, 77 f), das andere Mal im ersten Buch des «Staates». Das erste Buch des «Staates» nimmt gegenüber den folgenden Büchern eine entschiedene Sonderstellung ein. Es ist noch ein echtes sokratisches Gespräch, wogegen die folgenden Bücher einen überwiegend lehrhaften Charakter tragen. Es darf deshalb zu den sokratischen Dialogen gerechnet werden. Auch die Behandlung des Simonides-Wortes macht den Eindruck eines echten sokratischen Gespräches.

Aisopos. Innenbild einer Schale. Rom, Lateranisches Museum

Eine wichtige Rolle spielen auch die drei großen Tragiker. Sowohl von Aischylos als auch von Sophokles und von Euripides finden sich über alle Platonischen Dialoge verstreut Zitate, wenn auch keineswegs so viele wie von Homer, und auch nicht so viele wie von Hesiod. Doch zeigt sich, daß Sokrates und Platon auch mit den Tragikern vollkommen vertraut sind und dieselbe Vertrautheit ebenso bei den Hörern der Gespräche und bei den Lesern der Werke voraussetzen. Am Schluß des «Gastmahls» erfahren wir von einem Gespräch, in dem die Frage aufgeworfen wird, ob ein und derselbe Dichter sowohl Tragödien als auch Komödien schreiben könne. Sokrates besteht auf der positiven Antwort:

«Agathon also sei aufgestanden, um sich neben den Sokrates zu setzen. Plötzlich aber sei eine große Menge Herumziehender an die Tür gekommen, und weil sie sie offen gefunden, indem einer hinausgegangen ihnen entgegen, wären sie eingedrungen und hätten sich niedergelassen. Alles sei nun voll Lärm geworden, und ohne alle Ordnung sei man genötigt worden, gewaltig viel Wein zu trinken. Eryximachos, Phaidros und einige andere, sagte Aristodemos, wären fortgegangen, seiner aber habe sich der Schlaf bemächtigt und er habe viel geschlafen, wie denn die Nächte damals lang waren. Gegen Morgen aber sei er aufgewacht, als die Hähne schon krähten, und habe gesehen, daß die andern teils schliefen, teils fortgegangen wären, nur Agathon, Aristophanes und Sokrates hätten allein noch gewacht und aus einem großen Becher rechts herum getrunken, und Sokrates habe mit ihnen Gespräch geführt. Des übrigen nun, sagte Aristodemos, erinnere er sich nicht mehr von den Reden, denn er wäre nicht von Anfang an dabei gewesen und sei auch dazwischen wieder eingeschlummert, die Hauptsache aber wäre gewesen, daß Sokrates sie nötigen wollte einzugestehen, es gehöre für einen und denselben, Komödien und Tragödien dichten zu können, und der künstlerische Tragödiendichter sei auch der Komödiendichter. Dies wäre ihnen abgenötigt worden, sie wären aber nicht recht gefolgt und schläfrig geworden. Und zuerst wäre Aristophanes eingeschlafen, und als es schon Tag geworden, auch Agathon, Sokrates nun, nachdem er diese in den Schlaf gebracht, wäre aufgestanden und weggegangen, und er wie gewöhnlich ihm gefolgt. So sei er ins Lykaion gegangen und habe sich nach dem Bade wie sonst den ganzen Tag dort aufgehalten und erst abends nach Hause zur Ruhe begeben.» («Symposion» 223 b–d / II, 250.)

Sophokles. Rom, Lateranisches Museum

Von besonderer Bedeutung ist vor allem das Verhältnis zwischen Sokrates und dem etwa zehn Jahre älteren Euripides (ca. 485 bis 406).

Eine alte Anekdote behauptet, Sokrates habe dem Euripides bei der Abfassung seiner Dramen geholfen. Diogenes Laertios zieht mehrere Stellen aus den Komödien heran, an denen auf ein solches Verhältnis angespielt wird:

«Es ging die Rede, er habe dem

Schulszene. Links Musikunterricht, in der Mitte Schreibunterricht. Außenseite einer Schale des Duris

Euripides bei seinen Dichtungen geholfen. Es bezieht sich darauf folgende Stelle des Mnesimachos:

> ‹Die Phryger› sind das neuste vom Euripides,
> Dem Sokrates das Reisig [phrygana] zu dem Werk beschafft

und weiter: Euripides durch Sokrates zurechtgezimmert
und Kallias in den ‹Gefangenen›:
A. Schon forderst du Respekt und wirfst dich in die Brust.
B. Ich darf es, da mir Sokrates zur Seite steht.»

(Diogenes Laertios, I, 70.)

Aristophanes in «Die Wolken»:

Seht hier des Schauspiels Meister, den Euripides,
er strotzt vor Schwätzerlust und Weisheitsdunst.

Auch über ein Gespräch zwischen Sokrates und Euripides wird berichtet. Euripides soll ihm das Manuskript des Heraklit zum Lesen überreicht und ihn dann gefragt haben, wie er darüber denke. Da habe er erwidert: «Was ich davon verstanden habe, zeugt von hohem Geist; und wie ich glaube, auch, was ich nicht verstanden habe; nur bedarf es dazu eines delischen Tauchers.» (Diogenes Laertios, I, 72.)

Schwer zu durchschauen ist das Verhältnis zwischen Sokrates und Aristophanes. Im Jahre 423 hat Aristophanes «Die Wolken» geschrieben, die eine bissige Satire auf Sokrates darstellen. Nach einer alten Anekdote hat Sokrates der Vorstellung beigewohnt – woran man kaum wird zweifeln können – und ist während der Vorstellung aufgestanden, damit alle Zuschauer den Sokrates da unten in der Komödie mit dem wirklichen Sokrates vergleichen konnten. «Die Wolken» selbst sind so bissig, daß man lange bezweifelt hat, ob sich diese Darstellung des Sokrates mit den anderen Berichten über ihn vereinbaren läßt. Aber neuere Untersuchungen (unter ihnen die von Schmid [17] und Erbse [18]) haben gezeigt, daß man aus dieser Komödie eben doch ein gewisses Bild des historischen Sokrates gewinnen kann; und dies Ergebnis ist durchaus verständlich, denn eine Satire, die ihren Gegenstand nicht in irgendeiner Weise doch wirklich trifft, ist eben keine Satire.

Das Symposion hat im Jahre 416, also nach der Aufführung der «Wolken», stattgefunden, und der Dialog, der es schildert, enthält ein ausdrückliches Zitat aus den «Wolken» («Symposion» 221 b / II, 248). Das «Gastmahl» stellt also entweder das wirkliche Verhältnis des Sokrates zu Aristophanes und den «Wolken» dar, oder es zeigt uns, wie nach Platons Meinung dies Verhältnis hätte sein sollen. Aristophanes ist ein Teilnehmer des Symposions; er hält von den sechs Reden auf den Eros die vierte. Gegen Morgen, als schon fast alle Teilnehmer unter den Tisch getrunken sind, eröffnet Sokrates jenes streitbare Gespräch mit Aristophanes über die Frage, ob ein Tragödiendichter auch Komödien müsse schreiben können, also eine Frage, die Aristophanes unmittelbar anging. Als schließlich auch Aristophanes unter den Tisch sinkt, steht Sokrates auf und geht ruhig nach Hause. So zeigt das «Gastmahl» den Sokrates zwar als dem Aristophanes überlegen, aber doch in freundschaftlichem Verhältnis zu ihm stehend.

Ein durchaus anderes Bild gibt die «Apologie». Hier sagt Sokrates mit klaren Worten, Aristophanes gehöre zu den Urhebern der gegen ihn umlaufenden Verleumdungen.

Zuerst nun, ihr Athener, muß ich mich wohl verteidigen gegen das, dessen ich zuerst fälschlich angeklagt bin, und gegen meine ersten Ankläger, und hernach gegen der späteren Späteres. Denn viele Ankläger habe ich längst bei euch gehabt und schon vor vielen Jahren, und die nichts Wahres sagten, welche ich mehr fürchte als den Anytos, obgleich auch der furchtbar ist. Allein jene sind furchtbarer, ihr Männer, welche viele von euch schon als Kinder an sich gelockt und überredet, mich aber beschuldigt haben ohne Grund, als gäbe es einen Sokrates, einen weisen Mann, der den Dingen am Himmel nachgrüble und auch das Unterirdische alles erforscht habe und Unrecht zu Recht mache. Diese, ihr Athener, welche solche Gerüchte verbreitet haben, sind meine furchtbaren Ankläger. Denn die Hö-

rer meinen gar leicht, wer solche Dinge untersuche, glaube auch nicht einmal Götter. Ferner sind auch dieser Ankläger viele, und viele Zeit hindurch haben sie mich verklagt und in dem Alter zu euch geredet, wo ihr wohl sehr leicht glauben mußtet, weil ihr Kinder wart, einige von euch wohl auch Knaben, und offenbar an leerer Stätte klagten sie, wo sich keiner verteidigte. Das übelste aber ist, daß man nicht einmal ihre Namen wissen und angeben kann, außer etwa, wenn ein Komödienschreiber darunter ist. Die übrigen aber, welche euch gehässig und verleumderisch aufgeredet und auch die, selbst nur überredet, andre Überredenden, in Absicht dieser aller bin ich ganz ratlos. Denn weder hierher zur Stelle bringen noch ausfragen kann ich irgendeinen von ihnen: sondern muß ordentlich wie mit Schatten kämpfen in meiner Verteidigung und ausfragen, ohne daß einer antwortet. Nehmt also auch ihr an, wie ich sage, daß ich zweierlei Ankläger gehabt habe, die einen, die mich eben erst verklagt haben, die andern, die von ehedem, die ich meine; und glaubt, daß ich mich gegen diese zuerst verteidigen muß. Denn auch ihr habt jenen, als sie klagten, zuerst Gehör gegeben, und weit mehr als diesen späteren.
(«Apologie» 18 a–e / I, 9–10.)

Euripides (?) mit Maske. Rom, Vatikan

Wie soll man diese beiden so völlig verschiedenen Stellungnahmen des Sokrates zusammenbringen? Ich weiß es nicht. Man muß sich wohl damit begnügen, zu sagen, daß Platon diese beiden Gegensätze bewußt dargestellt hat, und wenn man nach dem Grund dieser gegensätzlichen Darstellung fragt, so dürfte die beste Antwort sein, daß es wirklich so gewesen ist.

Ich gebe im folgenden aus den «Wolken» solche Stellen, in denen Sokrates selbst sichtbar wird.

STREPSIADES: Beim Zeus, dann geht's euch übel!
Herrje, wer ist denn der dort in dem Mastkorb?
SCHOLAR: E r selbst!
STREPSIADES: Wer?
SCHOLAR: Sokrates!
STREPSIADES: O Sokrates ...
He, du! Ruf du ihn doch und schrei recht laut!
SCHOLAR: Ruf ihn doch selber! Ich hab keine Zeit.
Ab.
STREPSIADES: O Sokrates ...
Sokratchen!
SOKRATES: Rufst du mich, du Eintagswesen?
STREPSIADES: Zuerst sag, bitt schön, mir, was du da treibst!
SOKRATES: Ich wandle Luft und überseh die Sonne.
STREPSIADES: Im Schweben übersiehst du nur die Götter,
Am Boden aber nicht?
SOKRATES: Nie könnt ich anders
Die überird'schen Dinge richtig sehen,
Wär schwebend nicht des Geists sublimstes Sinnen
Mit dem verwandten Element der Luft vermengt.
Wenn ich vom Boden aus nach oben spähte,
So fänd ich gar nichts; denn dann zög gewaltig
Die Erd' zu sich herab des Denkens Tau.
Das ist grad so wie bei der Brunnenkresse.
STREPSIADES: Was sagst du da?
Das Denken zieht das Feuchte in die Kresse?
Jetzt aber steig herab, Sokratchen, komm zu mir
Und lehr mich das, weswegen ich gekommen.
SOKRATES *herabgeklettert*: Und weshalb kamst du?
STREPSIADES: Reden zu lernen, lieber Mann ...

STREPSIADES *zum Chor der Wolken*:
Gegrüßet seid mir, holdselige Fraun,
wenn je, so erweiset auch mir jetzt
Die Gunst, und lasset zum Himmel empor
eure Stimmen, ihr Mächtigen, dringen.
CHOR *zu Strepsiades*:
Sei du auch gegrüßet, du würdiger Greis,
du Weidmann nach Wahrem und Schönem.
Zu Sokrates:
Du aber, du Priester des kniffligen Worts,
verkünde uns jetzt dein Begehren!
Denn keinem sonst willfahrn wir so gern
von allen Erhabenheitsschwätzern
Wie dem Prodikos: ihm seiner Weisheit zu lieb,
seiner Einsicht; und außer ihm dir noch,
Weil du stolz in den Gassen herumflanierst
und die Augen rundum lässest schweifen,

Stets barfuß und ohne Empfindlichkeit
und im Glauben an uns voller Dünkel.

STREPSIADES:
O Erde! Welch herrlicher Klang ist das,
wie heilig und wunderbar würdig!

SOKRATES:
Ist doch klar! Sie allein sind göttlicher Art,
alles andre ist Schwindel und Humbug.

STREPSIADES:
Aber Zeus? Wie steht's denn mit dem bei euch?
Ist er nicht mehr der Gott des Olympos?

SOKRATES:
Was meinst du mit Zeus? Was soll mir der Wahn!
Es gibt keinen Zeus!

STREPSIADES:
Hör ich richtig?
Aber wer ist's, der uns den Regen bringt?
Das mußt du mir erst mal erklären!

SOKRATES:
Natürlich nur die da! Und daß es so ist,
das werd ich dir bündig beweisen:
Wohlan: Wo hast du denn jemals gesehn,
daß es ohne die Wolken geregnet?
Aber es müßt doch regnen aus Himmelsblau,
wenn die Wolken im Pfefferland wären!

STREPSIADES:
Beim Apoll, das paßt ja auf unseren Fall
vortrefflich und sitzt wie gegossen!
Und da hab ich doch sonst wahrhaftig geglaubt,
er brunzt in ein Sieb, und dann regnet's.
Wer aber macht dann den Donner, sag an!
denn vor dem kommt mir immer das Zittern.

SOKRATES:
Auch den machen die da: sie wälzen sich rum,
dann donnert's.

STREPSIADES: Doch wie, du Verwegner?

SOKRATES:
Wenn sie völlig mit Mengen von Wasser gefüllt
unter Zwang sich weiterbewegen,
Dann hängen nach abwärts sie, regenvoll,
und sie platzen, und das mit Gepolter.

STREPSIADES:
Wer ist's aber, der zu wandern mit Zwang
sie antreibt? Ist das nicht doch Zeus?

SOKRATES:
Durchaus nicht. Der himmlische Wirbel ist's!

STREPSIADES:
Der Wirbel? Das ist mir was Neues,

Sokrates (Gruppe A). Neapel, Museo Nazionale. Aus der Sammlung Farnese

Daß es Zeus nicht gibt, und an seiner Stell'
sei jetzt der Wirbel der König!
Aber immer noch wart ich, daß du mir erklärst,
wo das Krachen und Donnern dann herkommt.

SOKRATES:
Hast denn nicht du gehört, was ich grade gesagt?
daß die Wolken, gesättigt mit Wasser,
Aufeinanderprallen, und dabei gibt's
infolge der Dichte das Krachen!

STREPSIADES:
Aber hör mal, wie soll ich das glauben?

SOKRATES:
Gib acht,
an dir selber werd ich dir's zeigen:
Gewiß hast du schon mal am Feiertag
dich am Gulasch so arg überfressen,
Und hat dir der Bauch nicht gleich darauf
gemurrt und gedröhnt und gerumpelt?

STREPSIADES:
Genau, beim Apoll! Und gleich wird's schlimm,
und alles gerät mir in Aufruhr,
Und wie Donnergetös macht das Sößlein Krawall
und einen Radau zum Erschrecken:
Erst leise nur: «blub», dann: «blubberdibumm»,
und dann geht's: «blubberdibum-bum»,
Aber gar, wenn's herausfährt, dann donnert's genau
wie bei jenen: «rumpeldipumpel».

SOKRATES:
Nun schau: Wenn dein winziger Bauch es vermag,
so gewaltig knallend zu furzen,
Da muß doch das endlose Luftrevier
gewiß noch erschütternder donnern!

STREPSIADES:
Ach so! Drum klingen die Wörter so gleich:
«geschüttelt» oder «geschissen»! [19]

SOKRATES UND DIE HANDWERKER

Nachdem Sokrates in der «Apologie» von seinen Gesprächen mit den Staatsmännern und den Dichtern berichtet hat, berichtet er abschließend von seinen Unterhaltungen mit den Handwerkern.

Zum Schluß nun ging ich auch zu den Handarbeitern. Denn von mir selbst wußte ich, daß ich gar nichts weiß, um es geradeheraus zu sagen, von diesen aber wußte ich doch, daß ich sie vielerlei Schönes wissend finden würde. Und darin betrog ich mich nun auch nicht; sondern sie wußten wirklich, was ich nicht wußte, und waren

Am Grill. Terrakottafigur aus Böotien, spätes 5. Jahrhundert v. Chr. Berlin, Staatliche Museen

Am Backofen. Terrakottafigur aus Böotien, spätes 5. Jahrhundert v. Chr. Berlin, Staatliche Museen

Kochunterricht. Böotische Terrakottagruppe, spätes 6. Jahrhundert v. Chr.
Boston, Museum of Fine Arts

insofern weiser. Aber, ihr Athener, denselben Fehler wie die Dichter, dünkte mich, hatten auch diese trefflichen Meister. Weil er seine Kunst gründlich erlernt hatte, wollte jeder auch in den andern wichtigsten Dingen sehr weise sein; und diese ihre Torheit verdeckte jene ihre Weisheit. So daß ich mich selbst auch befragte im Namen des Orakels, welches ich wohl lieber möchte, so sein wie ich war, gar nichts verstehend von ihrer Weisheit und auch nicht behaftet mit ihrem Unverstande, oder aber in beiden Stücken so sein wie sie. Da antwortete ich denn mir selbst und dem Orakel, es wäre mir besser, so zu sein, wie ich bin. («Apologie» 22 c–e / I, 13–14.)

Auch ein solches Gespräch ist nicht erhalten: keiner der in unseren Händen befindlichen Dialoge stellt ein Gespräch mit einem Handwerker dar.

Aber auch hier kann man sagen, daß Sokrates immer wieder auf die Handwerker zurückgreift. Der Handwerker ist derjenige, der seine Sache versteht, wenn er sie auch, von der «Apologie» her gesehen, nicht mit Bewußtsein versteht. Xenophon hat uns eine Anekdote und eine Formulierung überliefert, die so treffend und geistreich ist, daß man das griechische Denken und die griechische Sprache darum beneiden muß. Charikles, einer der dreißig Tyrannen, sagt zu Sokrates: «Aber das wirst du dir zu merken haben, Sokrates, daß du die Schuster, Zimmerleute und Schmiede in Ruhe läßt; denn die sind, meine ich, schon ganz abgenützt, so oft führst du sie im Munde.» Die Stelle, in der dieser Ausspruch zitiert wird, lautet bei Xenophon:

«Da die dreißig Tyrannen * einen großen Teil der angesehensten Bürger hinrichten ließen und andere zu Schandtaten anstifteten, äußerte Sokrates irgendwo, es komme ihm sonderbar vor, wenn ein Kuhhirt, bei dem die Herde immer kleiner und die Kühe immer magerer werden, nicht gelten lassen wolle, daß er ein schlechter Hirt sei; aber noch weit sonderbarer sei es, wenn der Leiter eines Staatswesens, der die Bevölkerung vermindere und ihre Sittlichkeit in Verfall bringe, sich dessen nicht schäme und nicht zu der Überzeugung komme, daß er ein schlechter Staatsmann sei. Dies wurde hinterbracht. Kritias und Charikles ließen Sokrates vor sich kommen, wiesen ihm das Gesetz vor und untersagten ihm, sich mit den Jünglingen zu unterreden. Sokrates fragte sie, ob es erlaubt sei, Fragen zu stellen, wenn ihm etwas von den Verordnungen unklar sei. Beide bejahten es. Sokrates sagte darauf: *Ich bin durchaus bereit, den Gesetzen zu gehorchen. Damit ich aber nicht aus Unkenntnis etwa gegen die Gesetze verstoße, will ich darüber von euch genau erfahren, ob ihr verbietet, die Kunst des Redens zu lehren, weil ihr glaubt, sie habe es mit der Wahrheit zu tun, oder weil ihr glaubt, sie habe es mit der Unwahrheit zu tun. Hat sie es nach eurer Meinung mit der Wahrheit zu tun, dann müßte man offenbar sich enthalten, die Wahrheit zu sa-*

* Die dreißig Tyrannen regierten nach Beendigung des Peloponnesischen Krieges in den Jahren 404 bis 403 mit Spartas Hilfe in Athen.

gen; wenn aber mit der Unwahrheit, dann ist es klar, daß man versuchen muß, die Wahrheit zu sagen. Darauf wurde Charikles wütend und erklärte: ‹Da du uns nicht verstehst, Sokrates, wollen wir dir folgende faßlichere Verordnung geben: Du hast dich überhaupt nicht mit den Jünglingen zu unterreden.› Darauf Sokrates: *Damit alle Ungewißheit darüber wegfalle, ob ich der Verordnung zuwiderhandle, so gebt mir die Grenze an, bis zu welchem Alter einer noch unter die Jünglinge zu zählen ist.* Charikles erwiderte: ‹Solange einer aus Mangel an der gehörigen Reife des Verstandes noch nicht fähig ist, Ratsherr zu werden; du sollst dich mit Leuten unter dreißig Jahren nicht unterreden.› – *Auch dann*, entgegnete Sokrates, *wenn ich etwas kaufen will und ein Mensch unter dreißig Jahren es feilbietet, auch dann soll ich nicht fragen, wie teuer es ist?* – ‹Ja, solche Sachen wohl›, antwortete Charikles, ‹aber du bist eben gewohnt, Sokrates, nach einer Menge von Dingen zu fragen, die dir wohlbekannt sind. Nach solchen Sachen sollst du also nicht fragen.› – *Soll ich also auch nicht antworten, wenn ein junger Mann mich etwas fragt, was ich weiß, z. B. wo Charikles wohnt oder wo Kritias sich aufhält?* – ‹O ja, auf solche Fragen wohl›, erwiderte Charikles. Da griff Kritias ein: ‹Aber das wirst du dir zu merken haben, Sokrates, daß du die Schuster, Zimmerleute und Schmiede in Ruhe läßt; denn die sind, meine ich, schon ganz abgenutzt, so oft führst du sie im Munde.› – *Also werde ich*, fuhr Sokrates fort, *auch das unterlassen müssen, was ich auf meine Beispiele folgen lasse, die Begriffe von Recht und Pflicht und von anderen Dingen.* – ‹Ja, doch›, antwortete Charikles, ‹und auch die Kuhhirten; wo nicht, so nimm dich in acht, daß nicht auch du die Zahl der Kühe kleiner machst!› Daraus wurde es klar, daß beide über Sokrates erbost waren, weil man ihnen die Äußerung über die Kühe hinterbracht hatte.» («Memorabilien» I, 2, ed. Laskowsky, S. 22–24.)

Der Archäologie ist es gelungen, einen der Handwerker aus dem Umkreis des Sokrates wieder aufzufinden. Es handelt sich um Simon den Schuster, der zwar weder von Platon noch von Xenophon erwähnt, dafür aber in anderen Berichten namentlich genannt wird. Er muß eine stadtbekannte Persönlichkeit gewesen sein. Sein Haus, das zugleich seine Werkstätte war, lag an einer Ecke der Agora direkt gegenüber der Tholos. Es ist bei den Ausgrabungen der Agora wieder aufgefunden worden. Dorothy Burr Thompson, die lange Zeit an den Ausgrabungen teilgenommen hat, berichtet darüber in einem Artikel mit der Überschrift «The House of Simon the Shoemaker»[20].

Aelianus erzählt eine charakteristische Anekdote: Sokrates will Simon besuchen, Alkibiades begleitet ihn. Als sie das Haus erreicht haben und eintreten wollen, zögert der vornehme Alkibiades. Da fragt Sokrates: *Verachtest du diesen Schuhmacher hier?* Alkibiades muß dies zugestehen, denn er ist und bleibt der vornehme Aristokrat. Sokrates aber antwortet ihm: *Das ganze Volk von Athen ist solch ein Volk. Wenn du diesen einen verachtest, dann verachtest du sie alle.* (Aelian, Varia Historia II, 1 ed. Thompson, p. 240.)[21]

Innenbild einer Schale, die einen Schuhmacher in seiner Werkstatt darstellt. London, British Museum

Schalenfuß mit eingeritzter Inschrift des Namens Simon

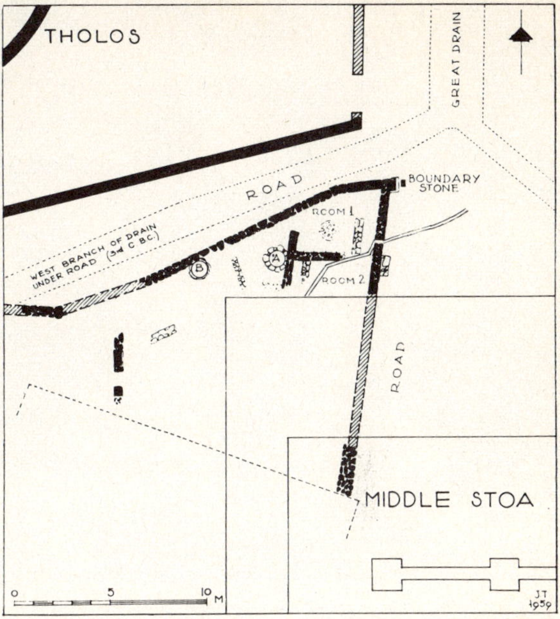

Lageplan des Hauses von Simon dem Schuhmacher (Room 1 und 2). Es lag unmittelbar am Grenzstein der Agora mit den Brunnenschächten vor und nach 480 (A und B). Die mittlere Stoa ist ein späterer Bau (Aus «Archaelogy», 13,4)

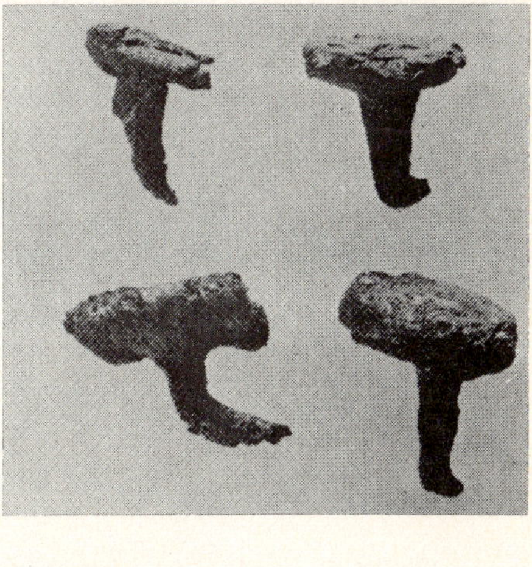

Schusternägel, die man in Simons Haus fand

Südwestecke der Agora mit den Fundamenten des Hauses, das der Schuhmacher Simon bewohnte

Eine ebenso aufschlußreiche Begebenheit schildert auch Plutarch. Bei den Ausgrabungen der Agora wurden, wie Dorothy Thompson berichtet, an der südwestlichen Ecke der Agora die Mauern eines Hauses gefunden. Das Haus dürfte etwa von 500 an benutzt worden sein. Als die Perser 479 nach der Niederlage von Salamis Athen wieder räumen mußten, zerstörten sie wie alle anderen Gebäude auch dieses Haus. Die Reste des zerstörten Hauses und seiner Einrichtung fanden sich in einem Brunnen. Nach der Rückkehr haben die Besitzer das Haus offenbar bald wiederaufgebaut, denn es fanden sich eine ganze Reihe von Scherben, die in die Jahre 480 bis 470 datiert werden konnten.

Eine Reihe von Funden, insbesondere von Schuhnägeln, zeigt deutlich, daß es sich um das Haus und die Werkstätte eines Schuhmachers handelt. Die Krönung der Ausgrabung war der Fund eines Trinkbechers, auf dessen Fuß der Name des Besitzers eingeritzt ist, nämlich Simon. Man wird daher der Folgerung der Archäologen zustimmen können, daß es sich hier wirklich um das Haus von Simon dem Schuhmacher handelt.

Es ist in der Tat merkwürdig, daß mit diesem schönen Fund das erste Haus aus dem perikleischen Athen gefunden wurde, dessen Besitzer identifiziert werden konnte, und es ist nicht weniger merkwürdig, daß es nicht das Haus des Platon oder das Haus des Perikles ist, sondern das Haus des Schuhmachers Simon. Es ist äußerst verlockend, sich vorzustellen, wie Sokrates zu Simon kommt, sich zu ihm in den Schatten des Hauses setzt, und während Simon fleißig die Schuhnägel in Soldatenstiefel klopft (denn für Soldatenstiefel sind die Schuhnägel offenbar bestimmt), entspinnt sich in Frage und Antwort ein Gespräch über die Gerechtigkeit, über die Frömmigkeit, über die Tugend.

INTERPRETATION EINES GESPRÄCHS: DER «LACHES»

Eine Sokrates-Biographie ist unvollständig, wenn sie nicht den Sinn wenigstens eines der sokratischen Gespräche herauszukristallisieren sucht. Ich wähle dafür eine Interpretation des «Laches», die ich bereits in meiner «Einleitung in die allgemeine Metaphysik»[22] vorgelegt habe. Ich gebe diese Interpretation aus meiner früheren Abhandlung bewußt unverändert, um damit auf die systematische Bedeutung dieser Gespräche hinzuweisen. In der Tat kann gerade dieser Platonische Dialog als die beste Darstellung eines sokratischen Gespräches gelten. Er stellt eine echt sokratische Frage: Was ist die Tapferkeit? Er ist ein Gespräch zwischen Sachkennern, alle Beteiligten wissen, was Tapferkeit ist. Der Dialog endet in einer Aporie; Sokrates stellt ausdrücklich fest: *Wir haben also nicht gefunden ... was die Tapferkeit ist?* («Laches» 199 e / I, 174.)

Stellt man die Frage, wie weit der Platonische Dialog «Laches» als ein historisches Dokument, also als die Darstellung eines wirklichen Gespräches des Sokrates, betrachtet werden kann, so darf man von vornherein einen Anteil Platons zum mindesten an der Form selbstverständlich nicht in Abrede stellen. Der Dialog ist in der Führung des Gedankenganges und in allen Formulierungen so geschliffen, daß man sich nicht vorstellen kann, Sokrates, Laches und Nikias, die Gesprächsteilnehmer, hätten das Glück gehabt, an diesem Tag und an diesem Ort eine so vollendete Gesprächsform zu finden. Es kann natürlich niemals festgestellt werden, ob ein solches Gespräch mit diesen Teilnehmern und dem von Platon angegebenen Inhalt wirklich stattgefunden hat.

Ich selbst habe gerade diesen Dialog in meinen Vorlesungen, in der Arbeit mit meinen Studenten in den Seminaren, bei der stillen Arbeit am Schreibtisch unzählige Male vor mir gehabt. Ich bin zu dem Schluß gekommen, daß dies Gespräch zwischen diesen Menschen und mit diesem Inhalt wirklich stattgefunden hat. Ich bin aber auch zu dem Schluß gekommen, daß die vollendete Form des uns heute vorliegenden Dialogs erst dem denkerischen und sprachlichen Können Platons zu verdanken ist.

Sein und Einheit, von denen die allgemeine Metaphysik zu handeln hat, sind allgemeine Begriffe. Freilich hat schon Aristoteles gesehen, daß ihr Allgemeinheitscharakter von einer sehr besonderen Art ist, aber gerade für Aristoteles schmälern diese Besonderheiten nicht den Allgemeinheitscharakter als solchen. Sein und Einheit können daher als das Thema der Metaphysik erst dann entdeckt werden, wenn das Allgemeine als solches entdeckt ist. Deshalb beginnt die Metaphysik mit der Entdeckung des Allgemeinen durch Sokrates ...

Seit jeher hat man als die Hauptfrage des Sokrates die Frage nach dem Guten betrachtet. Hegel sieht deshalb Sokrates als ein weltgeschichtliches Ereignis. Sokrates, dahin geht seine Auffassung, hat in der Frage nach dem Guten das Recht des Subjekts erkannt, und er hat damit eine neue Epoche der Weltgeschichte eingeleitet. Auch Aristoteles sagt, daß das Bemühen des Sokrates um die ethischen Fragen gegangen sei, wobei der Terminus ethisch in einem etwas weiteren Sinne gebraucht wird als bei uns.

Wenn wir nun dem Sokrates die Entdeckung des Allgemeinen zuschreiben, so wollen wir damit keineswegs leugnen, daß die Frage des Sokrates wesentlich nach dem Guten geht. Aber in einer solchen Frage können doch allgemeine logische Probleme enthalten sein. In der Tat, frage ich nach dem Guten, so wie Sokrates gefragt hat, nämlich nach dem Guten als solchem, dann werfe ich damit die Frage des Allgemeinen auf, denn das Gute als solches ist ein Allgemeines. Vielleicht ist es wiederum ein Allgemeines von sehr besonderer Art, aber jedenfalls doch ein Allgemeines. Für eine solche Auffassung des Sokrates kann ich mich auf einen seiner größten Widersacher berufen, nämlich auf Nietzsche, der in der «Geburt der Tragödie» die Bedeutung des Logischen für Sokrates ausdrücklich herausstellt: «Andrerseits aber war es jenem in Sokrates erscheinenden logischen Triebe völlig versagt, sich gegen sich selbst zu kehren; in diesem fessellosen Dahinströmen zeigt er eine Naturgewalt, wie wir sie nur bei den allergrößten instinctiven Kräften zu unsrer schaudervollen Überraschung antreffen. Wer nur einen Hauch von jener göttlichen Naivetät und Sicherheit der sokratischen Lebensrichtung aus den platonischen Schriften gespürt hat, der fühlt auch, wie das ungeheure Triebrad des logischen Sokratismus gleichsam h i n t e r Sokrates in Bewegung ist, und wie dies durch Sokrates wie durch einen Schatten hindurch angeschaut werden muß.» Was Nietzsche fordert, gleichsam durch Sokrates hindurch das Logische hinter ihm anzuschauen, gerade dies wollen wir versuchen.

Ist nun Sokrates der Entdecker des Logischen als solchem, so ist er damit auch zugleich der Entdecker der Wissenschaft, sofern sie sich als solche versteht. Wir wollen nicht leugnen, daß es vor Sokrates und gleichzeitig mit Sokrates, aber unabhängig von ihm, wissenschaftliche Erkenntnisse von großer Bedeutung gegeben hat. Aber Wissenschaft als solche beruht auf dem Selbstbewußtsein ihrer logischen

Struktur, und insofern wird das methodische Selbstbewußtsein der Wissenschaft nur möglich durch die sokratische Entdeckung des Logischen. Auch hier wiederum können wir uns auf Nietzsche berufen: «Schauen wir jetzt, mit der Fackel dieses Gedankens, auf Sokrates hin: so erscheint er uns als der Erste, der an der Hand jenes Instinctes der Wissenschaft nicht nur leben, sondern – was bei weitem mehr ist – auch sterben konnte; und deshalb ist das Bild des sterbenden Sokrates als des durch Wissen und Gründe der Todesfurcht enthobenen Menschen das Wappenschild, das über dem Eingangstor der Wissenschaft eines Jeden an deren Bestimmung erinnert, nämlich das Dasein als begreiflich und damit als gerechtfertigt erscheinen zu machen: wozu freilich, wenn die Gründe nicht reichen, schließlich auch der Mythus dienen muß, den ich sogar als notwendige Consequenz, ja als Absicht der Wissenschaft soeben bezeichnete.» Wir stimmen Nietzsche völlig zu, wenn er in dieser Weise als das Wappenschild über dem Eingangstor der Wissenschaft das Bild des Sokrates sieht, und wir glauben deshalb, die große Entdeckung des Sokrates, die Entdeckung des Allgemeinen, als den Ursprung der Metaphysik betrachten zu dürfen.

Wir wollen versuchen, das zur Entdeckung des Allgemeinen führende logische Moment in Sokrates aus den Quellen deutlich zu machen. Wir wählen als erstes Stück den «Laches», einen der frühesten Dialoge Platons. Der Dialog zeigt Sokrates im Gespräch, und dieses Gespräch entwickelt sich in dem uns interessierenden Teil (in der Übersetzung von Schleiermacher) folgendermaßen:

SOKRATES: *Dieses also wollen wir zuerst versuchen zu erklären, was die Tapferkeit ist; dann aber nach diesem auch überlegen, auf welche Art sie den Jünglingen beizubringen wäre, soweit es nämlich möglich ist, sie durch Übung und Unterricht beizubringen. Also versuche nun, wie ich sage, zu beschreiben, was die Tapferkeit ist.*

LACHES: Dieses, o Sokrates, ist beim Zeus nicht schwer zu sagen. Denn wenn jemand pflegt in Reih und Glied standhaltend die Feinde abzuwehren und nicht zu fliehn, so wisse, daß ein solcher tapfer ist.

SOKRATES: *Sehr wohl zwar gesprochen, o Laches; vielleicht aber bin ich, weil ich mich nicht deutlich erklärt, schuld daran, daß du nicht dasjenige geantwortet hast, was ich im Sinne hatte bei meiner Frage, sondern etwas anderes.*

LACHES: Wie meinst du dieses, o Sokrates?

SOKRATES: *Ich will es dir erklären, wenn ich nur dazu imstande sein werde. Tapfer freilich ist auch der, den du beschreibst, der im Gliede standhaltend gegen die Feinde ficht.*

LACHES: So wenigstens behaupte ich.

SOKRATES: *Ich gewiß auch. Aber was ist denn der, welcher fliehend gegen die Feinde ficht, und nicht standhaltend?*

LACHES: Wie doch fliehend?

SOKRATES: *Wie ja von den Skythen gesagt wird, daß sie nicht minder fliehend als verfolgend den Feind bekriegen. Und auch Homeros, indem er irgendwo die Pferde des Aineias lobt, sagt: Dort zu sprengen und dort, verständen sie, in Verfolgungen und in Entfliehung. Ja auch den Aineias selbst lobt er in dieser Hinsicht, daß er sich auf die Flucht verstände, und nennt ihn Ersinner der Flucht.*

LACHES: Und das sehr richtig, o Sokrates, denn er spricht von Wagen, und so meinst auch du das von den Skythen in Beziehung auf die Reiter; denn die Reiter bei ihnen fechten so, das Fußvolk der Hellenen aber so, wie ich sage.

SOKRATES: *Ausgenommen doch wohl, o Laches, das der Lakedaimonier; denn von diesem wird erzählt, als es bei Plataiai auf die Schildträger gestoßen, habe es nicht standhaltend fechten gewollt, sondern sei geflohen, nachdem aber die Reihen der Perser sich getrennt, habe es umkehrend wie Reiter gefochten und dadurch in jener Schlacht gesiegt.*

LACHES: Richtig.

SOKRATES: *Das ist nun eben, was ich meinte, ich wäre schuld daran, daß du nicht recht geantwortet hast, weil ich dich nicht recht gefragt habe; denn ich wollte nicht nur erfahren, welches die Tapfern im Fußvolke wären, sondern auch in der Reiterei und in allem, was zum Kriege gehört; und nicht nur die im Kriege, sondern auch die Tapfern in den Gefahren der See, ferner auch die, welche in Krankheiten und in Armut und in der Staatsverwaltung tapfer sind, ja noch mehr, nicht nur die gegen den Schmerz tapfer sind und gegen die Furcht, sondern auch die gegen Begierden und Lust stark sind zu fechten, und zwar sowohl standhaltend als umwendend. Denn es sind doch einige, o Laches, auch in diesen Dingen tapfer?*

LACHES: Gar sehr, o Sokrates.

SOKRATES: *Tapfer also sind alle diese, aber einige beweisen in der Lust, einige in der Unlust, einige in der Begierde, einige in der Furcht ihre Tapferkeit: andere aber dagegen, meine ich, Feigheit eben hierin?*

LACHES: Allerdings.

SOKRATES: *Was ist wohl jede von diesen? Danach fragte ich. Noch einmal also versuche zuerst die Tapferkeit zu erklären, was doch seiend sie in allem diesen dasselbe ist. Oder verstehst du noch nicht, was ich meine?*

LACHES: Noch nicht recht.

SOKRATES: *Ich meine es so, als wenn ich fragte, was wohl die Geschwindigkeit ist, was sie nämlich sowohl im Laufen ist, als in der Musik, im Reden, im Lernen und in vielen andern Dingen, und fast haben wir sie ja in allem, wovon nur der Mühe lohnt zu reden, sowohl in den Verrichtungen der Hände als der Füße, des Mundes und der Stimme oder auch des Verstandes. Oder meinst du nicht auch so?*

LACHES: Allerdings.

SOKRATES: *Wenn nun jemand mich fragte, wie erklärst du dieses, o Sokrates, was du in allen Dingen Geschwindigkeit nennst, so würde ich sagen, daß ich die in kurzer Zeit vieles vollbringende Kraft*

Amphora mit Krieger. Um 470 v. Chr. Ehemals Slg. Baron Heyl

Geschwindigkeit nenne, sowohl in der Stimme als im Lauf und in allen andern Dingen.

LACHES: Sehr gut wäre dieses erklärt.

SOKRATES: *Versuche also auch du, o Laches, so die Tapferkeit zu erklären, welche Kraft wohl, als dieselbe seiend, in der Lust und Unlust und allen andern Dingen, worin wir sagen, daß sie statthabe, dann Tapferkeit genannt wird.*

LACHES: So dünkt sie mich denn eine gewisse Beharrlichkeit der Seele zu sein, wenn ich doch das in allem sich findende von der Tapferkeit sagen soll.

SOKRATES: *Das mußt du allerdings, wenn wir uns die Frage wirklich beantworten wollen. Dieses ist mir indes deutlich, daß doch nicht jede Beharrlichkeit, glaube ich, dir als Tapferkeit erscheint. Ich schließe es aber hieraus: das nämlich weiß ich doch, daß du die Tapferkeit unter die vortrefflichen Dinge rechnest.*

LACHES: Davon halte dich überzeugt, unter die allervortrefflichsten.

SOKRATES: *Also ist die Beharrlichkeit mit Verstand wohl gut und vortrefflich?*

LACHES: Allerdings.

SOKRATES: *Wie aber die mit Unverstand? Ist diese nicht im Gegensatz zu jener schädlich und verderblich?*

LACHES: Ja.

SOKRATES: *Vortrefflich also, wolltest du behaupten, wäre, was so schädlich ist und verderblich?*

LACHES: Keineswegs wäre das recht, o Sokrates.

SOKRATES: *Also wirst du auch nicht zugeben, daß eine solche Beharrlichkeit Tapferkeit ist, da sie ja nicht vortrefflich ist, die Tapferkeit aber etwas Vortreffliches.*

LACHES: Richtig.

SOKRATES: *Die verständige Beharrlichkeit also wäre nach deiner Rede Tapferkeit?*

LACHES: So sieht es aus.

SOKRATES: *Laß uns also sehen, ist es die in etwas Gewissem oder die in allen Dingen verständige, sie seien groß oder klein. Wie wenn jemand im Geldausgeben verständig beharrte, wohl wissend, daß er durch das Ausgeben gewinnen wird, möchtest du diesen tapfer nennen?*

LACHES: Beim Zeus, ich nicht. («Laches» 190 d–192 e / I, 164 bis 166.)

Der Dialog zeigt Sokrates im Gespräch mit zwei Feldherren der Athener, mit Laches und Nikias. Für den Leser, den Platon im Auge hat, steht über den beiden Feldherren die Tragik und die Katastrophe des Feldzuges in Sizilien. Beide waren gegen ihre Überzeugung genötigt worden, den Oberbefehl zu führen. Sie begannen Syrakus zu belagern, mußten aber die Belagerung aufgeben. Auf dem Rückzug gerieten sie in eine solche Bedrängnis, daß sie sich mit dem gesamten noch übriggebliebenen Heer ergeben mußten. Die Sieger ließen alle schmählich umkommen, auch die beiden Feldherren sind entweder getötet worden, oder sie haben ihrem Leben selbst ein Ende gemacht. Der Dialog spielt einige Jahre vor dem sizilianischen Feldzug, es finden sich einige Anspielungen auf die Katastrophe; ihre Tilgung wäre gewiß eine unnötige Akribie gewesen. Es ist wesentlich für den Dialog, daß Laches und Nikias ihre Tapferkeit im sizilianischen Feldzug und in vorausgegangenen Kriegen bewährt haben, und auch von Sokrates wird ausdrücklich gesagt, daß er in den Kämpfen Athens tapfer seinen Mann gestanden hat. Nikias selbst sagt von ihm: wenn alle bei Delion so tapfer gefochten hätten, dann wäre die Schlacht nicht so unglücklich für die Athener ausgegangen. Die Teilnehmer des Dialogs haben ihre Tapferkeit bewährt, und dies ist wesentlich für den Dialog.

Zwei vornehme Athener haben die beiden Feldherren gefragt, ob sie ihre Söhne in den Fechtunterricht geben sollen. Man sieht sich zusammen ein Schaufechten an, über die Frage aber, ob nun die Söhne in die Schulung des Fechtmeisters gegeben werden sollen, sind die Ansichten geteilt. Sokrates wird herbeigerufen. Er wendet das Gespräch sofort von der konkreten Frage nach dem Fechtunterricht

Reitende Jünglinge vom Parthenon-Fries in Athen. Um 430 v. Chr.

auf die allgemeine Frage nach der Tugend. Da aber die allgemeine Frage nach der Tugend zu schwierig ist, schlägt Sokrates als Thema einen ihrer hervorragendsten Teile vor, nämlich die Tapferkeit. Auch der konkrete Anlaß des Gesprächs, der Fechtunterricht, zielt ja auf die Tapferkeit, und auch hier gilt, wer zur Tapferkeit erziehen will, muß wissen, was die Tapferkeit ist.

So stellt nun Sokrates die Frage: Was ist die Tapferkeit? Es kann nicht schwierig sein, diese Frage zu beantworten, alle Teilnehmer des Gespräches verstehen sich ja auf die Tapferkeit. Laches antwortet ohne Zögern: «... wenn jemand pflegt in Reih und Glied standhaltend die Feinde abzuwehren und nicht zu fliehn, so wisse, daß ein solcher tapfer ist.» Aber diese Antwort ist nicht im Sinne des Sokrates, und Sokrates räumt ein, daß er wohl die Schuld an der unrichtigen Antwort trägt, weil er nicht genau gefragt hat. Laches versteht nicht, was Sokrates sagen will, aber Sokrates macht es durch weitere Fragen deutlich. Die Reiter kämpfen im Gegensatz zur gegebenen Definition in einem steten Wechsel zwischen Angriff und Verteidigung. Aber auch die Spartaner haben bei Plataiai die Entscheidung für den großen Sieg erfochten, indem sie zunächst scheinbar die Flucht ergriffen haben. Laches als ein Feldherr der Athener versteht sich auf die Kriegskunst, er weiß, wie die verschiedenen Truppenarten kämpfen, und er kennt den Ablauf der Schlacht von Plataiai. So räumt er denn sofort ein, daß es sehr verschiedene Weisen des Kämpfens, und also auch sehr verschiedene Weisen der Tapferkeit gibt, und daß seine Bestimmung sich auf die Hopliten bezieht, auf das schwerbewaffnete Fußvolk der Griechen. Deren Tapferkeit allerdings besteht darin, in Reih und Glied standzuhalten. Jetzt kann Sokrates deutlich machen, daß es ihm nicht um eine einzelne Art der Tapferkeit geht. Es geht ihm nicht um die Tapferkeit der Hopliten und nicht um die Tapferkeit der Reiter, sondern es geht ihm um die Tapferkeit als solche. Auch gibt es Tapferkeit ja nicht nur im Krieg, sondern auch in der Armut, in der Krankheit, im politischen Leben und in vielen anderen Situationen. In sehr vielen und in sehr verschiedenen Situationen kann man tapfer sein, und Sokrates will wissen, was die Tapferkeit ist, sofern sie in diesen vielen Situationen immer dieselbe ist.

Laches zögert, und Sokrates macht den Sinn seiner Frage durch einen Vergleich deutlich. Auch Geschwindigkeit gibt es in vielerlei Art, und so kann man fragen, was die Geschwindigkeit ist, nicht nur die Geschwindigkeit im Laufen oder die Geschwindigkeit im Sprechen oder in vielem anderen, sondern die Geschwindigkeit als solche, insofern sie in diesen vielen verschiedenen immer dieselbe ist. Auf die Frage: Was ist die Geschwindigkeit? könnte man dann antworten: die Geschwindigkeit ist ein Vermögen, in kurzer Zeit vieles zu vollbringen, und damit hätte man die allgemeine Bestimmung der Geschwindigkeit als solcher.

In dieser Weise soll also jetzt die allgemeine Bestimmung der Tapferkeit als solcher gegeben werden, eine Bestimmung, die in allen Fällen zutrifft, im Kampf des Fußvolks und im Kampf der Reiter, in der Krankheit, in der Armut, im Staatsleben. Wenn man die Natur der Tapferkeit bestimmen soll, die überall dieselbe ist, dann, so sagt Laches, kann man die Tapferkeit als eine Beharrlichkeit der Seele bestimmen. Aber Sokrates wendet ein, daß eine solche Bestimmung nicht allgemein richtig sein kann. Es gibt nämlich auch eine Beharrlichkeit in törichten Dingen, etwa in der Verschwendung oder im Geiz. Dies räumt Laches sofort ein, und so bestimmt er denn die Tapferkeit zum drittenmal als eine verständige Beharrlichkeit. Nun unterwirft Sokrates diese dritte Bestimmung einer genauen Prüfung. Auch diese Bestimmung erweist sich als zu weit, es gibt Fälle von verständiger Beharrlichkeit, die nicht tapfer genannt werden können.

Jetzt entwickelt sich das spezifisch sokratische Gespräch. Auch Nikias greift in die Unterredung ein, immer wieder versuchen Laches und Nikias eine neue allgemeine Bestimmung der Tapferkeit. Sokrates unterzieht jede Bestimmung einer Prüfung, und er kann zeigen, daß keine der gegebenen Bestimmungen der Prüfung standhält, jede ist entweder zu eng, wie die erste, oder zu weit, wie die zweite und die dritte.

Nachdem keine der vorgeschlagenen Bestimmungen sich als stichhaltig erweist, endet das Gespräch ohne Ergebnis, und Sokrates stellt zum Schluß ausdrücklich fest: *Wir haben also nicht gefunden, o Nikias, was die Tapferkeit ist?* Die Fortsetzung des Gespräches wird vereinbart.

Man wird diesen von Platon geschriebenen Dialog «Laches» in weiten Grenzen als ein historisches Dokument betrachten können. Die Vermutung, Platon könnte diesen Dialog noch zu Lebzeiten des Sokrates geschrieben haben, hat sich bis jetzt weder beweisen noch widerlegen lassen, wenn sie auch im ganzen wenig wahrscheinlich sein dürfte. Aber man darf meiner Meinung nach annehmen, daß Platon sich in diesem Dialog eng an den wirklichen Gang eines sokratischen Gespräches gehalten hat.

Versuchen wir unter dieser Voraussetzung uns über die Bedeutung der sokratischen Gespräche klarzuwerden, so sehen wir zunächst, daß es dem Sokrates um ethische Fragen ging. Er fragt nach der Tapferkeit als nach einem Verhalten des Menschen, und alles, was wir aus Platon, aus Xenophon, aus Aristoteles über Sokrates wissen, führt zu demselben Schluß: Sokrates ging es um das Verhalten der Menschen.

Aber auch die Art und Weise, in der Sokrates sich um das Verhalten der Menschen bemüht, kommt in unserem Dialog deutlich zum Ausdruck. Sokrates ist nur der Fragende. Er stellt die Fragen, und er prüft die Antworten, er selbst enthält sich aller Behauptungen.

Dies ist das eine Moment des sokratischen Nichtwissens, das andere besteht darin, daß auch noch in einer solchen Begrenzung des Gesprächs auf Sokrates als den Fragenden und Prüfenden das Gespräch als Ganzes ergebnislos verläuft. Auf die Frage: Was ist die Tapferkeit? wird eine befriedigende Antwort nicht gefunden.

Man kann die eigentliche Bedeutung des Sokrates in diesem Nichtwissen sehen, und dann wäre der rätselhafte Mann durch den Satz aus der «Apologie» charakterisiert: «Denn es mag wohl eben keiner von uns beiden etwas Tüchtiges oder Sonderliches wissen; allein dieser doch meint zu wissen, da er nicht weiß, ich aber, wie ich eben nicht weiß, so meine ich es auch nicht.» Aber in dieser Negativität des Sokrates steckt doch zugleich eine entscheidende Positivität. In der Frage des Sokrates wird das Allgemeine als solches entdeckt. Die Frage: Was ist die Tapferkeit? klingt so einfach und ist doch so entscheidend. Seit Sokrates und Platon leben wir freilich in allgemeinen Begriffen, und so fällt es uns schwer, die entscheidende Bedeutung dieser Frage in ihrer Ursprünglichkeit zu durchschauen. Aber wir müssen sehen lernen, daß Sokrates der erste gewesen ist, der eine solche Frage gestellt hat, daß diese Frage etwas Unerhörtes ist und daß es diese Frage vorher nicht gegeben hat und nicht geben konnte.

Man muß sich in der Tat klarmachen, daß eine solche Frage und die aus ihr entspringende methodische Frage nach dem Allgemeinen als solchem einen tiefen Einschnitt darstellt. In den frühplatonischen Dialogen – und hier insbesondere im «Laches» – wird in der uns bekannten Geschichte des Denkens eine solche Frage zum erstenmal gestellt. Dabei wird man sagen können, daß die Frage in einer überaus durchsichtigen und klaren Weise gestellt wird. Vielleicht gibt es keinen besseren Weg, das Problem des Allgemeinen in seinem grundsätzlichen Charakter zu sehen, als dem sokratischen Gespräch im «Laches» zu folgen. Dies ist freilich ein Phänomen, das keineswegs selten ist. Es ereignet sich immer wieder, daß ein neuer Gedanke dort, wo er neu auftritt, in einer ungewöhnlichen Klarheit und Reinheit auftritt, und es ist nicht selten, daß die spätere Behandlung nicht klärt, sondern verdunkelt.

In der sokratischen Frage: Was ist die Tapferkeit? ist ein methodisches Problem enthalten, das wir bereits jetzt wenigstens andeuten wollen. Auf die sokratische Frage folgt ja die weitere Frage: Gibt es überhaupt die Tapferkeit als ein Identisches in so vielen verschiedenen Handlungen? Wird diese Frage bejaht, so ergibt sich wiederum die weitere Frage: Wo finden wir das Phänomen der Tapferkeit als solche in ihrem allgemeinen Charakter? Auf diese Frage nach dem Ort, an dem uns das Allgemeine als solches zunächst entgegentritt, kann es doch wohl nur eine Antwort geben: in der Sprache. Die Sprache ist es, die sehr viele und sehr verschiedene Handlungen mit demselben Wort, in unserem Beispiel mit dem Wort «tapfer» bezeichnet. In dem Allgemeinheitscharakter des Wortes taucht das Phänomen des Allgemeinen zuerst auf. Es ist überaus eindrucksvoll, daß uns dieser Zusammenhang bereits an unserer Laches-Stelle unverkennbar entgegentritt.

So heißt es in dem Beispiel von der Geschwindigkeit: «Wie erklärst du dieses, was du in allen Dingen Geschwindigkeit nennst?» Im griechischen Text steht ausdrücklich «nennen», und man könnte die Stelle also umschreiben, indem man sagt: Wie erklärst du dieses, dem du in allen Dingen denselben Namen Geschwindigkeit gibst? Auch bei der Diskussion der Tapferkeit hebt Sokrates darauf ab, daß dasselbe in vielen Dingen Tapferkeit genannt wird. Auch hier könnte man umschreibend sagen: Versuche nun auch du, lieber Laches, die Tapferkeit in derselben Weise zu bestimmen. Was ist das für ein Vermögen, das dasselbe ist in der Armut und im Leid und in vielen anderen Lebenslagen, so daß alle diese Weisen des Verhaltens denselben Namen «Tapferkeit» erhalten haben? Man wird daher annehmen können, daß die häufige Verwendung rein sprachlicher Termini an diesen Stellen nicht nur um einer stilistischen Mannigfaltigkeit willen geschieht, sondern daß Platon hier positiv den Zusammenhang zwischen der Sprache und dem Phänomen des Allgemeinen deutlich machen will.

IRONIE EINES GESPRÄCHS: THEODOTE DIE HETÄRE

Xenophon erzählt in den «Memorabilia»:

«Einst hielt sich in Athen eine schöne Frau namens Theodote auf, die sich jedem widmete, der sie zu gewinnen wußte. Einer der Freunde des Sokrates erwähnte sie und bemerkte, daß ihre Schönheit über alle Beschreibung gehe. Er sagte auch, Maler besuchten sie, um sie abzubilden, und sie zeige ihnen alle ihre Reize, soweit es der Anstand erlaube. *Da müßte man wohl zu ihr hingehen, um sie zu sehen*, sagte Sokrates, *denn durchs Hörensagen bekommt man keinen Begriff von dem, was über allen Ausdruck erhaben ist.* – ‹Kommt nur gleich mit mir›, fiel der Erzähler ein, und sofort machten sich alle auf den Weg zu Theodote. Sie stand eben einem Maler Modell, als sie hinkamen, und konnte von ihnen betrachtet werden.

Als der Maler fertig war, fing Sokrates an: *Liebe Freunde, wer ist dem andern mehr Dank schuldig, wir der Theodote, daß sie uns ihre Schönheit sehen ließ, oder sie uns, daß wir sie anschauten? Entweder hat sie von dem Sehenlassen mehr Nutzen, so muß sie uns Dank wissen, oder wir von dem Anschauen, so sind wir ihr Dank schuldig.* – Als man ihm hierin recht gab, fuhr er fort: *Hat sie nicht schon an unserm Lob gewonnen und noch größeren Gewinn zu erhoffen, wenn wir die Sache unter die Leute bringen? Wir hingegen möchten das, was wir gesehen haben, auch anrühren dürfen; wir gehen mit heimlichem Begehren weg und werden zu Hause nach ihr schmachten. So sind wir wohl Verehrer, und sie ist die Verehrte.* Da ergriff Theodote das Wort: ‹Beim Zeus, wenn dem so wäre, müßte ich euch für das Anschauen Dank wissen.›

Hierauf bemerkte Sokrates ihre kostbare Kleidung, ihre Mutter neben ihr in nicht alltäglichem Gewand und Putz, zahlreiche wohlgestaltete und gutgekleidete Dienerinnen sowie die ganze reiche Einrichtung des Hauses. *Höre, Theodote, besitzest du Grund und Boden?* – ‹Nein›, antwortete sie. *Aber ein Haus, von dem du Einkünfte hast?* – ‹Auch das nicht.› – *Aber vielleicht Sklaven, die ein Handwerk betreiben?* – ‹Nein, auch die nicht.› – *Wovon bestreitest du denn deinen Unterhalt?* – ‹Wenn ich jemand zum Freunde gewonnen habe und er mir Gutes erweist, so ist dies mein Einkommen.› – *Bei der Hera, Theodote, das ist ein schönes Besitztum, ein viel herrlicheres als Schafe, Rinder und Ziegen, wenn man eine Herde Freunde besitzt. Aber überläßt du es dem Zufall, ob ein Freund wie eine Mücke zu dir herfliegt, oder tust du selber auch etwas dafür?* – ‹Wie könnte ich wohl ein Mittel finden, um nachzuhelfen?› – *Nun wahrhaftig, mit weit besserem Recht als die Spinnen; denn diese machen, wie du weißt, Jagd auf ihre Nahrung; sie weben feine Netze, und das, was da hineingerät, muß ihnen zur Nahrung dienen.* – ‹Du willst also auch mir den Rat geben, eine Art Fangnetz zu weben?› – *Du mußt eben nicht meinen, es werde so ganz einfach sein, das edelste Wild, Freunde, zu fangen. Siehst du nicht, daß man schon, um das geringste, die Hasen, zu fangen, eine Menge Kunstgriffe anwendet? Weil sie bei Nacht auf Atzung ausgehen, schafft man sich für die Nachtjagd abgerichtete Hunde an und jagt sie mit ihnen. Weil sie aber bei Tagesanbruch weglaufen, beschafft man sich andere Hunde, die wittern, welchen Weg die Hasen von ihrem Futterplatz zu ihrem Lager genommen haben, und die sie so aufspüren. Weil die Hasen bei ihrer Schnelligkeit, auch wenn man sie gesichtet hat, leicht entkommen, richtet man schnelle Jagdhunde ab, sie im Lauf einzuholen. Da manche Hasen auch diesen entkommen, legt man auf ihren Fluchtwegen Netze aus, in denen sie sich verfangen sollen.* – ‹Welches dieser Mittel könnte ich nun gebrauchen, um Freunde zu fangen?› – *Nun, wie wär's,* erwiderte Sokrates, *wenn du dir statt eines Hundes jemand anschafftest, der dir die Liebhaber des Schönen und die reichen Herren aufspüren könnte, und der dann alle Mittel ersinnt, sie in deine Netze zu treiben?* – ‹Und was habe ich denn für Netze?› – *Eins jedenfalls, und zwar eins, das vortrefflich geeignet ist zu umstricken, deinen Körper, und in diesem Körper hast du eine Seele, die dich erkennen läßt, wie du durch Blicke beglückst und durch Worte erfreust, die dich lehrt, den freundlich einzulassen, der sich deiner annimmt, dem übermütigen Schwelger aber die Tür zu verschließen, dich um einen kranken Freund sorgfältig zu kümmern und dich mit ihm zu freuen, wenn er etwas Schönes zuwege gebracht hat, und dem mit deinem ganzen Herzen zugetan zu sein, der sich um dich sorgt. Ich weiß sehr wohl, daß du nicht nur mit den Sinnen, sondern auch mit dem Herzen zu lieben verstehst, und daß dir deine Freunde wert sind, beweist du nicht nur mit Worten, sondern auch durch die Tat.*

‹Aber beim Zeus, ich bediene mich wahrhaftig keines dieser Mittel›, sagte Theodote. – *Und doch kommt soviel darauf an, daß man einen Menschen seiner Natur nach und richtig behandelt. Denn mit Gewalt läßt sich ein Freund weder fangen noch festhalten; nur Gefälligkeiten und freundliches Begegnen sind die geeigneten Mittel, dieses Wild zu fangen und zum Bleiben zu gewöhnen.* – ‹Du hast recht.› – *Du mußt daher zunächst von deinen Verehrern nur solches fordern, dessen Gewährung ihnen die geringste Mühe macht, und dann selbst ihre Gefälligkeiten durch Gunstbezeigungen ähnlicher Art erwidern. Denn das ist die beste Art, Freunde zu gewinnen und sich für die längste Zeit ihre Liebe und ihre Wohltaten zu erhalten. Deine Gunstbezeigungen werden die größte Anerkennung finden, wenn du sie erst auf ihr Verlangen hin mit deinen Reizen beschenkst. Die leckersten Speisen verlieren ihren Geschmack, wenn man sie auftischt, ehe der Appetit sich einstellt, bei den Gesättigten rufen sie sogar Widerwillen hervor; läßt man die Gäste erst hungrig werden, ehe man die Speisen auftischt, so erscheinen ihnen selbst geringere Speisen schmackhaft.*

Hetäre mit Eroten. Lekythos des Pronomos-Malers, um 400 v. Chr.
Berlin, Staatliche Museen

‹Wie könnte ich nun erreichen, daß jemand nach meinen Gunstbezeigungen hungerte?› – *Beim Zeus, das wird dir gelingen; du dürftest nur zunächst denen, die schon satt sind, weder deine Gunst anbieten, noch sie darauf aufmerksam machen, bis die Sättigung vorüber und das Verlangen danach wieder eingetreten ist. Und dann müßtest du die Verlangenden gewinnen, indem du recht züchtig mit ihnen umgehst, bald dich geneigt zeigst, ihnen gefällig zu werden, bald wieder spröde tust, bis ihr Verlangen auf das höchste gesteigert ist. Denn ein und dieselbe Gabe bekommt dann einen weit höheren Wert, als wenn sie geschenkt wird, ehe man danach verlangt.*

Theodote darauf: ‹Wolltest du nicht mein Gehilfe werden, Sokrates, wenn ich auf den Freundefang ausgehe?› – *Beim Zeus, recht gern, wenn du mich dazu gewinnst.* – ‹Und wie könnte ich dich gewinnen?› – *Da wirst du schon selbst Mittel und Wege finden, wenn du mich nötig hast.* – ‹So stell dich recht oft bei mir ein.› – Darauf antwortete Sokrates, seine Untätigkeit ins Scherzhafte ziehend: *Es ist mir aber nicht leicht, die nötige Zeit dazu zu finden, Theodote. Eine Menge eigener und öffentlicher Geschäfte raubt mir alle meine Zeit. Und dann habe ich noch Freundinnen, die ich Liebesmittel und Zauberlieder lehre; die werden mich Tag und Nacht nicht von sich lassen.* – ‹Verstehst du dich denn auch auf solche Mittel, Sokrates?› – *Warum meinst du denn, weichen Apollodoros und Antisthenes nie von mir, warum kommen Kebes und Simmias von Theben zu mir her? Glaub mir, ohne Liebestränke, Zauberlieder und Zauberräder wäre das nicht möglich.* – ‹So leih mir doch dein Zauberrad; dann kann ich es umdrehen, um dich zu fangen!› – *Aber beim Zeus, ich will gar nicht zu dir hingelockt sein, sondern du sollst zu mir kommen.* – ‹Ich will schon kommen, laß mich nur ein!› – *Ja,* gab Sokrates zur Antwort, *wenn nicht gerade eine Freundin bei mir ist, die mir lieber ist als du.*» («Memorabilien» III, 11, ed. Laskowsky.)

Das von Xenophon hier erzählte Gespräch mit der Hetäre Theodote ist allerdings ungewöhnlich. Bei Platon ist von diesem oder einem ähnlichen Gespräch nichts zu finden. Trotzdem darf man auch in dieser Erzählung einen Bericht sehen. Dafür spricht schon die Lebendigkeit des Anfangs und, meines Erachtens, auch die Ironie, mit der die typischen Mittel des Sokrates, die logische Ergründung einer Sache, auch hier eingesetzt und die möglichen Methoden des Männerfanges genauso diskutiert werden, wie Sokrates auch sonst alle Tätigkeiten und Handlungen der Menschen untersucht. Auch der geistvoll-ironische Schluß legt die Annahme nahe, daß Sokrates selber hier gesprochen hat, wobei man ruhig im Auge behalten mag, daß alle von Platon dargestellten Gespräche eine Würde haben, von der in einem solchen Gespräch mit der schönen Theodote natürlich nichts zu spüren ist.

SOKRATES UND DIE GÖTTER GRIECHENLANDS

Schwer enträtselbar bleibt auch die innere Einstellung des Sokrates zu den Göttern Griechenlands.

Freilich kann kein Zweifel daran bestehen, daß Sokrates ein frommer Mann war. Dies zeigt sich schon in seiner Haltung zum Gebet. Im «Phaidros» endet Sokrates seine zweite Rede mit einem Gebet an den Eros:

Diese so großen und so göttlichen Vorzüge, o Knabe, wird dir des Liebhabers Freundschaft erwerben. Die Vertraulichkeit aber mit dem Nichtliebenden, welche durch sterbliche Besonnenheit verdünnt auch nur Sterbliches und Sparsames austeilt, erzeugt in der geliebten Seele jene von der Menge als Tugend gelobte Gemeinheit und wird ihr Ursache, neuntausend Jahre um die Erde sich umherzutreiben und vernunftlos unter der Erde.

Dieses sei dir, lieber Eros, nach unsern Kräften aufs beste und schönste als Widerruf dargebracht und entrichtet, der im übrigen sowohl als auch im Ausdruck des Phaidros wegen etwas dichterisch abgefaßt werden mußte. Und möchtest du, dem Vorigen Verzeihung, diesem aber Beifall schenkend, günstig und gnädig mir die Kunst der Liebe, welche du mir verliehen, im Zorn weder nehmen noch schmälern. Verleihe mir vielmehr, noch mehr als jetzt von den Schönen geehrt zu sein. Haben wir aber in der vorigen Rede etwas dir Widerwärtiges gesprochen, Phaidros und ich: so rechne es dem Lysias als Vater dieser Rede zu und laß ihn solcher Reden sich enthaltend zur Philosophie, zu welcher sich sein Bruder Polemarchos schon gewendet hat, sich hinwenden, damit auch dieser sein Verehrer nicht länger wie jetzt auf beiden Schultern trage, sondern lediglich der Liebe mit philosophischen Reden sein Leben widme. («Phaidros» 256 e–257 b / IV, 37.)

Sokrates schließt dann auch diesen Dialog mit einem Gebet an Pan und an die Nymphen:

PHAIDROS: Das soll geschehen. Aber laß uns nun gehen, da auch die Hitze gelinder geworden.

SOKRATES: *Ziemt es sich nicht, erst zu diesen zu beten und dann zu gehen?*

PHAIDROS: Warum nicht?

SOKRATES: *O lieber Pan und ihr Götter, die ihr sonst hier zugegen seid, verleihet mir, schön zu werden im Innern, und daß, was ich Äußeres habe, dem Inneren befreundet sei. Für reich möge ich den Weisen halten, und solche Menge Goldes besitzen, wie ein anderer als der Besonnene gar nicht tragen und führen könnte.* («Phaidros» 279 b–c / IV, 59–60.)

Existentiell wichtiger scheint mir jedoch das Gebet zu sein, von dem Alkibiades in seiner Lobrede auf Sokrates im «Gastmahl» berichtet. (Wir werden im nächsten Kapitel die Erzählung des Alkibiades wiedergeben.) Sokrates versinkt in Nachdenken und bleibt die ganze Nacht in tiefem Nachdenken versunken stehen: «Und er blieb ste-

Herakles am Scheidewege

hen, bis es Morgen ward und die Sonne aufging; dann verrichtete er noch sein Gebet an die Sonne und ging fort.» («Symposion» 220 d / II, 247–248.)

Aus der Beiläufigkeit dieser Schilderung wird man wohl schließen dürfen, daß das Morgengebet für Sokrates etwas Selbstverständliches war.

Die eigentlich entscheidende Stelle, die über Sokrates' religiöse Haltung am meisten aussagt, ist freilich das Schlußwort in der «Apologie»:

Laßt uns aber auch so erwägen, wieviel Ursache wir haben, zu hoffen, es sei etwas Gutes. Denn eins von beiden ist das Totsein, entweder soviel als nichts sein noch irgendeine Empfindung von irgend etwas haben, wenn man tot ist; oder, wie auch gesagt wird, es ist eine Versetzung und ein Umzug der Seele von hinnen an einen anderen Ort. Und ist es nun gar keine Empfindung, sondern wie ein

Schlaf, in welchem der Schlafende auch nicht einmal einen Traum hat, so wäre der Tod ein wunderbarer Gewinn. Denn ich glaube, wenn jemand einer solchen Nacht, in welcher er so fest geschlafen, daß er nicht einmal einen Traum gehabt, alle übrigen Tage und Nächte seines Lebens gegenüberstellen und nach reiflicher Überlegung sagen sollte, wieviel angenehmere und bessere Tage und Nächte als jene Nacht er wohl in seinem Leben gehabt hat: so, glaube ich, würde nicht nur ein gewöhnlicher Mensch, sondern der Großkönig selbst finden, daß diese sehr leicht zu zählen sind gegen die übrigen Tage und Nächte. Wenn also der Tod etwas solches ist, so nenne ich ihn einen Gewinn, denn die ganze Zeit scheint ja auch nicht länger auf diese Art als eine Nacht. Ist aber der Tod wiederum wie eine Auswanderung von hinnen an einen anderen Ort und ist das wahr, was gesagt wird, daß dort alle Verstorbenen sind, was für ein größeres Gut könnte es wohl geben als dieses, ihr Richter? Denn wenn einer, in der Unterwelt angelangt, nun dieser sich so nennenden Richter entledigt, dort die wahren Richter antrifft, von denen auch gesagt wird, daß sie dort Recht sprechen, den Minos und Rhadamanthys und Aiakos und Triptolemos, und welche Halbgötter sonst gerecht gewesen sind in ihrem Leben, wäre das wohl eine schlechte Umwanderung? Oder auch mit dem Orpheus umzugehen und Musaios und Hesiodos und Homeros, wie teuer möchtet ihr das wohl erkaufen? Ich wenigstens will gern oftmals sterben, wenn dies wahr ist. Ja, mir zumal wäre es ein herrliches Leben, wenn ich dort den Palamedes und Aias, des Telamon Sohn, anträfe und wer sonst noch unter den Alten eines ungerechten Gerichtes wegen gestorben ist, und mit dessen Geschick das meinige zu vergleichen, das müßte, glaube ich, gar nicht unerfreulich sein. Ja was das Größte ist, die dort eben so ausfragend und ausforschend zu leben, wer unter ihnen weise ist und wer es zwar glaubt, es aber nicht ist. Für wieviel, ihr Richter, möchte das einer wohl annehmen, den, welcher das große Heer nach Troja führte, auszufragen, oder den Odysseus oder Sisyphos, und viele andere könnte einer nennen, Männer und Frauen: mit welchen dort zu sprechen und umzugehen und sie auszuforschen auf alle Weise eine unbeschreibliche Glückseligkeit wäre. Gewiß werden sie einen dort um deswillen doch wohl nicht hinrichten. Denn nicht nur sonst ist man dort glückseliger als hier, sondern auch die übrige Zeit unsterblich, wenn das wahr ist, was gesagt wird. («Apologie» 40 c–41 c / I, 30–31.)

So wird man dem Xenophon Recht geben müssen, wenn er in den «Memorabilia» immer wieder die Frömmigkeit des Sokrates betont:

«Fürs erste: Womit konnten sie denn beweisen, daß er nicht an die Götter geglaubt habe, die der Staat anerkennt? Man sah ihn doch öfters sowohl zu Hause als auch auf den gemeinsamen Altären der Stadt sein Opfer darbringen; und es konnte auch nicht unbemerkt bleiben, daß er von der Weissagekunst Gebrauch machte. Es ging ja in der Stadt von Mund zu Mund, Sokrates pflege zu sagen, daß die

Gottheit ihm Andeutungen gebe. Hierauf haben sie wahrscheinlich in der Hauptsache ihre Beschuldigung gegründet, er führe Neuerungen in göttlichen Dingen ein. Aber er brachte damit so wenig Neues auf wie alle anderen, die die Weissagekunst anerkennen und auf den Vogelflug, auf Stimmen, Begegnungen und Opferzeichen achten. Auch diese Leute nehmen ja wie er nicht an, daß die Vögel und die Begegnenden wüßten, was denen nützt, die diese Zeichen befragen, sondern sie leiten die Andeutungen, die sie erhalten, von den Göttern her. Nur drücken sich die meisten so aus, als ob ihnen durch die Vögel und Begegnenden von dem einen abgeraten, zu dem andern zugeraten würde. Sokrates dagegen sagte seiner Erkenntnis entsprechend, die Gottheit gebe ihm Andeutungen. Auf Grund solcher Vorandeutungen der Gottheit redete er vielen seiner Freunde zu, das eine zu tun, das andere zu lassen, und wer ihm folgte, befand sich gut dabei, wer nicht folgte, hatte es zu bereuen.» («Memorabilien» I, 1, ed. Laskowsky, S. 10–11.)

«Wie Sokrates sich nun nach meinem Dafürhalten durch sein Beispiel im Handeln wie auch durch seine Unterredungen seinen Schülern nützlich erwies, davon will ich nun aufzeichnen, soviel mir noch im Gedächtnis ist. Was sein Verhalten den Göttern gegenüber betrifft, war es bekannt, daß er so handelte und sprach, wie die Pythia auf Fragen antwortet, die Opfer, Verehrung der Voreltern oder ähnliche Angelegenheiten betreffen. Die Pythia gibt nämlich zur Antwort: Wer gottesfürchtig sein wolle, müsse sich nach den Gesetzen des Staates richten. Und eben dies beobachtete Sokrates selbst, dies schärfte er auch anderen ein; wer anders handelte, den hielt er für übereifrig und töricht. Im Gebet flehte er die Götter einfach an, das Gute zu geben, da die Götter am besten wüßten, was das Gute ist. Um Gold, Silber, Alleinherrschaft oder derartiges zu bitten, kam ihm gerade vor, wie wenn einer darum bitten wollte, sich in ein Würfelspiel oder in eine Schlacht oder in etwas anderes einlassen zu dürfen, wovon der Ausgang sich unmöglich vorausberechnen läßt. Die Opfer, die er darbrachte, waren klein wie auch sein Vermögen; aber er glaubte darum denen nicht nachzustehen, die von einem großen Vermögen große Opfer darbrachten. Denn der Götter, meinte er, wäre es unwürdig, wenn sie an den großen Opfern größeres Wohlgefallen hätten als an den kleinen; oftmals müßten ihnen dann die Gaben schlechter Menschen angenehmer sein als die der rechtschaffenen; und für die Menschen wäre das Leben nicht mehr lebenswert, wenn die Opfer der Bösen den Göttern willkommener wären als die der Guten. Er glaubte dagegen, die Götter hätten die größte Freude an der Verehrung durch die Frömmsten. Er lobte deshalb auch folgenden Vers: Nach Vermögen zu tun den unsterblichen Göttern die Opfer.[23]» («Memorabilien» I, 1, ed. Laskowsky, S. 31–32.)

Die Frömmigkeit des Sokrates steht also außer Zweifel, ebenso sicher aber ist, daß der Logos des Sokrates die blühende Fabelwelt des griechischen Götterglaubens ablehnte. Hierfür ein typisches Beispiel:

Sokrates trifft Euthyphron, den Priester, vor der Halle des Basileus, als er selbst im Begriff ist, wegen seines eigenen Prozesses zum Gericht zu gehen. Da wirft Sokrates die Frage auf: Was ist Frömmigkeit? und setzt Euthyphrons naivem Glauben an die Göttermythen den bedächtigen Zweifel seines Logos entgegen:

SOKRATES: *So sage also, was du behauptest, was das Fromme sei, und was das Ruchlose.*

EUTHYPHRON: Ich sage eben, daß das fromm ist, was ich jetzt tue, den Übeltäter nämlich, er habe nun durch Totschlag oder durch der Heiligtümer Beraubung oder durch irgend etwas dergleichen gesündigt, zu verfolgen, sei er auch Vater oder Mutter oder wer sonst immer; ihn nicht zu verfolgen aber ist ruchlos. Denn, o Sokrates, betrachte nur, welchen starken Beweis ich dir anführen werde für diese Vorschrift, daß sie richtig ist: wie ich auch andern schon gesagt, daß dies ganz richtig wäre, dem Gottlosen nichts durchgehen zu lassen, und wäre er auch, was du nur willst. Nämlich die Menschen halten ja selbst den Zeus für den trefflichsten und gerechtesten aller Götter, und von diesem gestehen sie doch, daß er seinen eignen Vater gefesselt, weil der seine Söhne verschluckt ohne rechtlichen Grund; und dieser wiederum habe seinen Vater verschnitten ähnlicher Dinge wegen. Mir aber wollen sie böse sein, daß ich meinen Vater, der auch unrecht getan, vor Gericht belange; und so widersprechen sie sich selbst in dem, was sie sagen in bezug auf die Götter und auf mich.

SOKRATES: *Ist etwa eben dies die Ursache, o Euthyphron, weshalb ich mit der Klage verfolgt werde, weil ich nämlich, wenn jemand dergleichen von den Göttern sagt, es übel aufnehme? Und meint man, wie es scheint, daß ich eben hierin fehle? Nun also, wenn auch du dieser Meinung bist, der in solchen Dingen so wohl Unterrichtete: so müssen, wie es scheint, auch wir es zugeben. Denn was wollten wir auch sagen, die wir selbst eingestehen, nichts von der Sache zu wissen? Aber sage mir, beim Gott der Freundschaft, glaubst du wirklich, daß dieses so gewesen ist?*

EUTHYPHRON: Und noch Wunderbareres als dieses, o Sokrates, wovon nur die wenigsten etwas wissen.

SOKRATES: *Auch Krieg, glaubst du also wirklich, daß die Götter haben gegeneinander und gewaltige Feindschaften und Schlachten und viel anderes dergleichen, wie es von den Dichtern erzählt wird, und wie es teils an andern heiligen Orten von guten Malern abgebildet ist, teils auch der Teppich voll ist von solchen Abbildungen, der an den großen Panathenäen in die Akropolis hinaufgetragen wird? Dies alles wollen wir für wahr erklären, Euthyphron?*

EUTHYPHRON: Und zwar nicht dieses allein, o Sokrates; sondern, wie ich eben sagte, noch vieles andere kann ich dir, wenn du willst, von göttlichen Dingen erzählen, welches vernehmend du, wie ich wohl weiß, erstaunen wirst. («Euthyphron» 5 d–6 c / I, 182–183.)

Blick durch die Propyläen auf den Parthenon und die Athena Promachos. Rekonstruktion von G. P. Stevens, 1935

Eine ähnliche Stellungnahme gegen die Mythen des griechischen Volksglaubens findet sich auch im «Phaidros»:

SOKRATES: *Wenn ich es nun nicht glaubte, wie die Klugen, so wäre ich eben nicht ratlos. Ich würde dann weiter klügelnd sagen, der Wind Boreas habe sie, als sie mit der Pharmakeia spielte, von den Felsen dort in der Nähe herabgeworfen, und dieser Todesart wegen habe man gesagt, sie sei durch den Gott Boreas geraubt worden. Ich aber, o Phaidros, finde dergleichen im übrigen ganz artig, nur daß ein gar kunstreicher und arbeitsamer Mann dazu gehört, der eben nicht zu beneiden ist, nicht etwa wegen sonst einer Ursache, sondern weil er dann notwendig auch die Kentauren ins Gerede bringen muß und hernach die Chimaira, und dann strömt ihm herzu ein ganzes Volk von dergleichen Gorgonen, Pegasen und andern unendlich vielen und unbegreiflichen wunderbaren Wesen, und wer die ungläubig einzeln auf etwas Wahrscheinliches bringen will, der wird mit einer wahrlich unzierlichen Weisheit viel Zeit verderben. Ich aber habe dazu ganz und gar keine Muße; und die Ursache hiervon, mein Lieber, ist diese: ich kann noch immer nicht nach dem delphischen Spruch mich selbst erkennen. Lächerlich also kommt es mir vor, solange ich hierin noch unwissend bin, an andere Dinge zu den-*

ken. Daher also lasse ich das alles gut sein; und annehmend, was darüber allgemein geglaubt wird, wie ich eben sagte, denke ich nicht an diese Dinge, sondern an mich selbst, ob ich etwa ein Ungeheuer bin, noch verschlungener gebildet und ungestümer als Typhon, oder ein milderes und einfacheres Wesen, das sich eines göttlichen und edeln Teiles von Natur erfreut. – Doch, Freund, nicht zu vergessen, war dies nicht der Baum, zu dem du uns führen wolltest?

PHAIDROS: Ja, eben dieser. («Phaidros» 229 c bis 230 b / IV, 12.)

Eine charakteristische Einzelheit finden wir auch in den «Wolken» des Aristophanes:

STREPSIADES:
...Doch nun: Woher kommt's, daß der zuckende Blitz
als Feuerstrahl leuchtet? Das lehr mich!
Und daß er uns totschlägt, sobald er uns trifft,
oder Bart doch und Haar uns versenget?
Den schickt doch ganz sicher nur Zeus herab
auf den, der 'nen Meineid geschworen!

SOKRATES:
Und warum, du vorsintflutlicher Narr,
du neugeborenes Mondkalb,
Wenn Zeus in der Tat Eidbrüchige träf,
verbrennt er dann gar nicht den Simon?
Den Kleonymos nicht? den Theoros nicht?
Meineidige sind sie doch sicher!
Und umgekehrt trifft er sein eigenes Haus,
und den Tempel auf Sunions Vorberg,
Und die größten Eichen! Was will er damit?
Eine Eiche schwört kaum einen Meineid!

STREPSIADES:
Ich weiß nicht. Doch was du sagst, scheint gut.
Aber was ist der Blitz denn dann wirklich?

SOKRATES:
Wenn ein trockener Wind nach oben fährt
und verfängt sich dabei in den Wolken,
Dann pustet er sie wie 'ne Schweinsblase auf
von innen, bis schließlich sie platzen,
Und dabei drängt stürmisch er wieder heraus
durch die Kraft der gewaltigen Spannung,
Wobei durch die zischende, reibende Wucht
er selbst sich selber entzündet.[24]

Hier tritt das beginnende logische Bewußtsein dem naiven Götterglauben entgegen. Daß der Blitz von Zeus geschleudert wird, um die Bösen zu strafen, läßt sich einfach mit bestimmten Phänomenen nicht vereinigen. Nun kann man zwar nicht ausschließen, daß es sich nicht um ein Argument des Sokrates handelt, sondern um ein allgemeines Argument der beginnenden Naturwissenschaft – vielleicht von Anaxagoras vorgetragen oder von irgendeinem Sophisten entwickelt –, aber der allgemeinen Auffassung nach muß Sokrates sich doch so geäußert haben, daß Aristophanes ihm dies Argument in den Mund legen konnte. Die eigentlich entscheidende Stelle aber finden wir in der «Apologie», dort, wo Sokrates sich gegen den Vorwurf der Gottlosigkeit verteidigt:

Erwägt aber mit mir, ihr Männer, warum ich finde, daß er dies sagt. Du aber antworte uns, o Meletos. Ihr aber, was ich euch von Anfang an gebeten habe, denkt daran, mir kein Getümmel zu erregen, wenn ich auf meine gewohnte Weise die Sache führe. Gibt es wohl einen Menschen, o Meletos, welcher, daß es menschliche Dinge gebe, zwar glaubt, Menschen aber nicht glaubt? Er soll antworten,

Flötenspieler und Tänzerin. Schale des Epiktet. London, British Museum

ihr Männer, und nicht anderes und anderes Getümmel treiben! Gibt es einen, der zwar keine Pferde glaubt, aber doch Dinge von Pferden? Oder zwar keine Flötenspieler glaubt, aber doch Dinge von Flötenspielern? Nein, es gibt keinen, bester Mann; wenn du nicht antworten willst, will ich es dir und den übrigen hier sagen. Aber das nächste beantworte: Gibt es einen, welcher zwar, daß es daimonische Dinge gebe, glaubt, Daimonen aber nicht glaubt? – Es gibt keinen. – Wie bin ich dir verbunden, daß du endlich, von diesen gezwungen, geantwortest hast. Daimonisches nun behauptest du, daß ich glaube und lehre, sei es nun neues oder altes, also Daimonisches glaube ich doch immer nach deiner Rede? Und das hast du ja selbst beschworen in der Anklageschrift. Wenn ich aber Daimonisches glaube, so muß ich doch ganz notwendig auch Daimonen glauben. Ist es nicht so? Wohl ist es so! Denn ich nehme an, daß du einstimmst, da du ja nicht antwortest. Und die Daimonen, halten wir die nicht für Götter entweder, oder doch für Söhne von Göttern? Sagst du ja oder nein? – Ja, freilich. – Wenn ich also Daimonen glaube, wie du sagst, und die Daimonen sind selbst Götter, das wäre ja ganz das, was ich sage, daß du Rätsel vorbringst und scherzest, wenn du mich, der ich keine Götter glauben soll, hernach doch wieder Götter glauben läßt, da ich ja Daimonen glaube. Wenn aber wiederum die Daimonen Kinder der Götter sind, unechte von Nymphen oder andern, denen sie ja auch zugeschrieben werden: welcher Mensch könnte dann wohl glauben, daß es Kinder der Götter gäbe, Götter aber nicht? Ebenso ungereimt wäre das ja, als wenn jemand glauben wollte, Kinder gebe es wohl von Pferden und Eseln, Maulesel nämlich, Esel aber und Pferde wollte er nicht glauben, daß es gäbe. Also Meletos, es kann nicht anders sein, als daß du, entweder um uns zu versuchen, diese Klage angestellt hast, oder in gänzlicher Verlegenheit, was für ein wahres Verbrechen du mir wohl anschuldigen könntest. Wie du aber irgendeinen Menschen, der auch nur ganz wenig Verstand hat, überreden willst, daß ein und derselbe Mensch Daimonisches und Göttliches glaubt und wiederum derselbe doch auch weder Daimonen noch Götter noch Heroen, das ist doch auf keine Weise zu ersinnen. («Apologie» 27 a–28 a / I, 18.)

Von der Interpretation dieser Stelle hängt nun alles ab. Aber was ist dies doch für eine merkwürdige Stelle! Was für eine merkwürdige Art, sich gegen den Vorwurf der Gottlosigkeit zu verteidigen. Warum sagt Sokrates nicht einfach: Ich glaube an Zeus, an Apoll, an Athene, ich opfere ihnen, ich bete zu ihnen? Vermutlich hätte er dies sagen können, und gewiß wäre es für die Richter überzeugend gewesen. In gewisser Weise stellt das Argument ja einen Gottesbeweis dar, aber hat man jemals einen solchen Gottesbeweis gehört: wenn es Maulesel gibt, so gibt es auch Pferde und Esel. Dies ist zwar unbezweifelbar, aber was für ein ungewöhnliches, was für ein hintergründiges Argument! Man wird diese Diskrepanz am besten verstehen können, wenn man annimmt, daß Sokrates im Herzen ein entschiedener Monotheist war und daß sein Verstand die Fabeln

der griechischen Götterwelt entschieden ablehnte. In einer ähnlichen Situation befand sich später Platon. Auch Platon ist ohne Zweifel ein entschiedener Monotheist, aber er hatte aus Gründen, die wir nicht leicht durchschauen können, die Möglichkeit, die Vielheit der Götter und ihrer Mythen gelten zu lassen. Die Ablehnung der bunten, miteinander streitenden, sich wieder versöhnenden, sich liebenden, sich hassenden Götterwelt aus logisch-rationalen Gründen war aber bei Sokrates offenbar so stark, daß ein ausdrückliches Geltenlassen der griechischen Götterwelt seinen innersten Glauben an einen Gott gefährdet hätte.

ALKIBIADES UND SEINE LOBREDE IM «GASTMAHL»

Im Jahre 416 hatte der Tragödiendichter Agathon im Wettbewerb der Tragöden seinen ersten Sieg errungen. Am selben Tag veranstaltete er eine große Feier, am nächsten Tage lädt er die engeren Freunde in sein Haus ein. Es sind neben Agathon selbst Aristophanes, der Komödiendichter, Phaidros, der uns aus dem Dialog bekannt ist, der seinen Namen trägt, Eryximachos, der Arzt, Pausanias, Sokrates und später hinzukommend Alkibiades. Man beschließt, die Tänzerinnen und Flötenspieler nach Hause zu schicken. Das festliche Gastmahl soll dadurch begangen werden, daß jeder der Teilnehmer eine Rede auf den Eros hält. So werden sechs Reden gehalten, die letzte von Sokrates. Als die letzte Rede gehalten ist, kommt Alkibiades herein, schon stark angetrunken, geschmückt mit einem dichten Kranz von Efeu und Veilchen, mit einer Fülle von Bändern auf dem Haupt («Symposion» 212 d–e). Über der glänzenden Gestalt des Alkibiades liegen freilich tiefe Schatten. Seine Unbesonnenheit und seine Unbeherrschtheit haben später nicht nur ihm selbst, sondern auch der Stadt Athen den Untergang gebracht. Alkibiades stammt aus einer der vornehmsten Familien Athens. Der sizilische Feldzug gegen Syrakus, der den Untergang Athens einleitete, geht vor allem auf sein Betreiben zurück. Alkibiades wurde zusammen mit Nikias und Lamachos zum Oberbefehlshaber gewählt, aber bald nach Athen zu einem Prozeß zurückgerufen. Er entfloh auf der Rückfahrt und wurde in seiner Abwesenheit zum Tode verurteilt. Alkibiades kämpfte zunächst für Sparta gegen Athen, versöhnte sich dann wieder mit seiner Heimatstadt und feierte dort große Triumphe. Nach dem Fall Athens floh er nach Kleinasien und wurde 404 in Melissa ermordet. Von dieser tiefen Problematik der Gestalt des Alkibiades findet sich weder bei Platon noch bei Xenophon ein Widerhall, obwohl das Gastmahl unmittelbar vor dem sizilischen Feldzug spielt. Alkibiades hält nun eine Lobrede, und zwar nicht auf den Eros, sondern auf

Sogenannte trauernde Athene. Weihrelief von der Akropolis. Athen, Akropolis-Museum

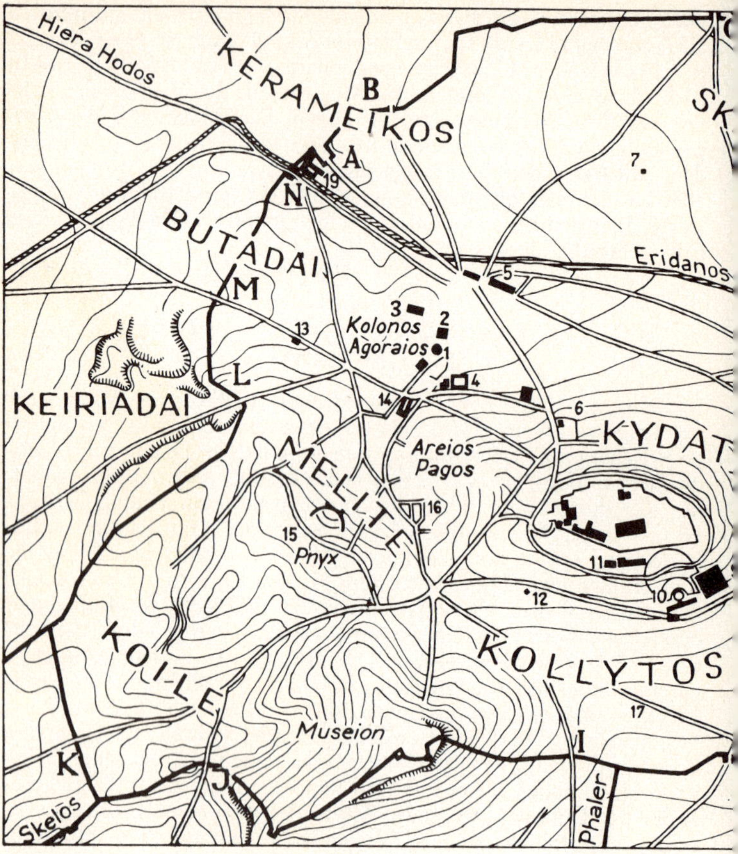

Athen zur Zeit des Perikles. 1 *Tholos,* 2 *Buleuterion,* 3 *Hephaisteion,* 4 *Theseus-Bezirk,* 5 *Stoa Poikile,* 6 *Fleusinion,* 7 *Phratrien-Heiligtum,* 8 *Olympieion,* 9 *Odeion des Perikles,* 10 *Dionysos-Heiligtum,* 11 *Asklepieion,* 12 *Nymphen-Heiligtum,* 13 *Heiligtum der Artemis Aristobule,* 14 *Viertel der Steinmetzen,* 15 *Pnyx,* 16 *Viertel der Küfer (Lenaion),* 17 *Kodros-Neleus-Heiligtum,* 18 *Heiligtum des Apollon Delphinios,* 19 *Pompeion, A Thriasisches Tor, B Gräbertor, C Acharnai-Tor, D Diochares-Tor, E Aigeus-Tor, F Diomeia-Tor, G Itonisches-Tor, H Phaleron-Tor, I See-Tor, J Pforte, K Koile-Tor, L Henkerstor, M Peiraieus-Tor, N Heiliges Tor (Zeichnung: Prof. E. Kirsten)*

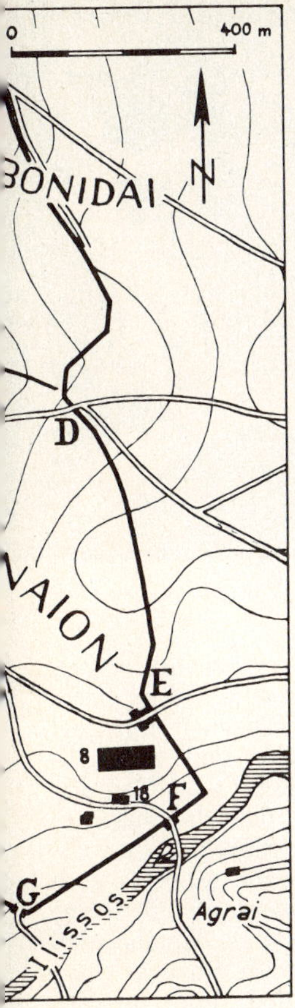

Sokrates selbst. Es ist die glanzvollste Lobrede auf Sokrates, die wir kennen, und ich gebe sie daher noch einmal im ganzen, obwohl ich schon einige kurze Zitate aus ihr herangezogen habe:

«Also den Sokrates zu loben, ihr Männer, will ich so versuchen, durch Bilder, er wird nun wohl vielleicht glauben, spöttischerweise, aber gerade zur Wahrheit soll mir das Bild dienen und gar nicht zum Spott. Ich behaupte nämlich, er sei äußerst ähnlich jenen Silenen in den Werkstätten der Bildhauer, welche die Künstler mit Pfeifen oder Flöten darstellen, in denen man aber, wenn man die eine Hälfte wegnimmt, Bildsäulen von Göttern erblickt; und so behaupte ich, daß er vorzüglich dem Satyr Marsyas gleiche. Daß du nun dem Ansehen nach diesen ähnlich bist, o Sokrates, wirst du wohl selbst nicht bestreiten, wie du aber ihnen auch im übrigen gleichst, das höre demnächst. Bist du übermütig oder nicht? Denn wenn du das nicht eingestehst, will ich Zeugen beibringen. Oder etwa kein Flötenspieler? Wohl ein weit bewunderungswürdigerer als jener. Jener nämlich bezauberte vermittels des Instrumentes die Menschen durch die Gewalt seines Mundes und so noch jetzt, wer seine Werke vorträgt. Denn was Olympos auf der Flöte geleistet, schreibe ich dem Marsyas, seinem Lehrer, zu. Seine Werke also, es mag sie nun ein trefflicher Flötenspieler vortragen oder eine schlechte Flötenspielerin, sind allein hinreißend und offenbaren, wer der Götter und ihrer Weihungen bedürftig ist, weil sie göttlich sind. Du aber zeichnest dich um soviel vor jenen aus, als du ohne Instrument durch bloße Worte dasselbe ausrichtest. Von uns wenigstens, wenn wir von einem andern auch noch so trefflichen Redner andere Reden hören, macht sich keiner, daß ich es geradeheraus sage, sonderlich etwas daraus. Hört aber einer dich selbst oder von einem andern deine Reden vorgetragen, wenn auch der Vortragende wenig bedeutet, sei es nun Weib oder Mann, wer sie hört, oder Knabe, alle sind wir wie außer uns und ganz davon hingerissen. Ich wenigstens, ihr Männer, wenn ihr dann nur nicht glauben wolltet, daß ich ganz und gar betrunken wäre, wollte es euch auch mit Schwüren bekräftigen, was mir selbst dieses Mannes Reden angetan haben und noch jetzt antun. Denn weit heftiger als den vom Korybantentanz Ergriffenen pocht mir, wenn ich ihn höre, das Herz, und Tränen werden mir ausgepreßt von

Epheben in der Palaistra. Außenseite einer Schale im Vatikan

seinem Reden; auch sehe ich, daß es vielen andern ebenso ergeht. Wenn ich dagegen den Perikles hörte oder andere gute Redner, dachte ich wohl, daß sie gut sprächen, dergleichen begegnete mir aber nichts, noch geriet meine Seele in Unruhe darüber und in Unwillen, daß ich mich in einem knechtischen Zustande befände. Von diesem Marsyas aber bin ich oft so bewegt worden, daß ich glaubte, es lohnte nicht zu leben, wenn ich so bliebe, wie ich wäre. Und du wirst nicht sagen können, Sokrates, daß das nicht wahr wäre. Ja auch jetzt noch bin ich mir sehr wohl bewußt, daß, wenn ich nur meine Ohren hergeben wollte, ich mich nicht würde halten können, daß mir nicht dasselbe begegnete. Denn er nötigt mich einzugestehen, daß mir selbst noch gar vieles mangelt und ich doch, mich vernachlässigend, der Athener Angelegenheiten besorge. Mit Gewalt also, wie vor den Sirenen die Ohren verstopfend, fliehe ich aufs eiligste, um nur nicht immer sitzen zu bleiben und neben diesem alt zu werden. Und mit diesem allein unter allen Menschen ist mir begegnet, was einer nicht in mir suchen sollte, daß ich mich vor irgend jemand schämen könnte; indes vor diesem allein schäme ich mich doch. Denn ich bin mir sehr gut bewußt, daß ich nicht imstande bin, ihm zu widersprechen, als ob man das nicht tun müßte, was er anrät, sondern daß ich nur, wenn ich von ihm gegangen bin, durch die Ehrenbezeugungen des Volkes wieder überwunden werde. Also laufe ich ihm davon und fliehe, und wenn ich ihn wiedersehe, schäme ich mich wegen des Eingestandenen und wollte oft lieber sehen, er lebte gar nicht; geschähe es aber etwa, so weiß ich gewiß, daß mir das noch bei weitem schmerzlicher sein würde, so daß ich gar nicht weiß, wie ich es halten soll mit dem Menschen.

Durch sein Flötenspiel also ist mir und vielen anderen so mitgespielt worden von diesem Satyr. Hört aber noch weiter, wie ähnlich er dem ist, womit ich ihn verglichen habe, und wie wunderbare Eigenschaften er an sich hat. Denn das wißt nur, daß keiner von euch ihn kennt, sondern ich will ihn euch erst beschreiben, da ich einmal angefangen habe. Denn ihr seht doch, daß Sokrates verliebt ist in die Schönen und immer um sie her und außer sich über sie, und wiederum, daß er in allem unwissend ist und nichts weiß, wie er sich ja immer anstellt; ist nun das nicht recht silenenhaftig? Gewiß sehr. Denn das hat er nur so äußerlich umgetan, eben wie jene getriebenen Silenen, inwendig aber, wenn man ihn auftut, was meint ihr wohl, ihr Männer und Trinkgenossen, wie vieler Weisheit und Besonnenheit er voll ist? Wißt denn, daß es ihn nicht im mindesten kümmert, ob einer schön ist, sondern er achtet das so gering, als wohl niemand glauben möchte, noch ob einer reich ist oder irgendeinen der von den Leuten am meisten gepriesenen Vorzüge hat. Er hält vielmehr alle diese Dinge für nichts wert und uns für nichts und verstellt sich nur gegen die Menschen und treibt Scherz mit ihnen sein Leben lang. Ob aber jemand, wenn er ernsthaft war und sich auftat, die Götterbilder gesehen hat, die er in sich trägt, das weiß ich nicht. Ich aber habe sie einmal gesehen, und so göttlich und golden und überaus schön und bewunderungswürdig kamen sie mir vor, daß ich glaubte, auf der Stelle alles tun zu müssen, was nur Sokrates wünschte. Da ich nun glaubte, daß er sich ernstlich Mühe gäbe um meine Schönheit, hielt ich das für einen herrlichen Fund und für ein überaus glückliches Ereignis, weil es nun in meiner Gewalt stände, wenn ich mich dem Sokrates gefällig erwiese, alles zu hören, was er wüßte. Denn ich bildete mir wunder wieviel ein auf meine Schönheit. In diesen Gedanken nun, da ich vorher nicht pflegte ohne Diener mit ihm allein zu sein, schickte ich einst den Diener weg und blieb ganz allein mit ihm. Denn ich muß euch nur die ganze Wahrheit sagen, also gebt Achtung, und wenn ich lüge, Sokrates, so widersprich mir. Allein also, ihr Männer, waren wir zwei miteinander, und ich meinte, er sollte mir nun gleich solche Dinge sagen, wie ein Liebhaber seinem Liebling in der Einsamkeit sagen würde, und freute mich. Hieraus aber wurde gar nichts, sondern wie er sonst mit mir zu sprechen pflegte, brachte er den ganzen Tag mit mir hin und ging fort. Nach diesem forderte ich ihn auf, Leibesübungen mit mir anzustellen, und übte mich mit ihm, um dadurch etwas zu erreichen. Er trieb also mit mir Leibesübungen und rang öfters mit mir ohne jemandes Beisein. Und was soll ich sagen? Ich hatte nichts weiter davon. Da ich nun so auf keine Weise etwas gewann, nahm ich mir vor, dem Manne mit Gewalt zuzusetzen und nicht abzulassen, da ich es einmal unternommen, sondern endlich zu erfahren, woran ich wäre. Also lade ich ihn zur Mahlzeit, ordentlich wie ein Liebhaber seinem Liebling nachstellt. Aber das gewährte er mir nicht einmal gleich, doch mit der Zeit ließ er sich überreden. Als er nun zum erstenmal da war, wollte er nach der Mahlzeit fortgehen, und damals schämte ich mich noch und ließ ihn. Ein andermal aber stellte ich es listiger an und sprach mit ihm, nachdem er abgespeist, bis tief in die Nacht hinein, und als er nun gehen wollte, nahm ich den Vorwand, daß es schon spät sei, und nötigte ihn zu bleiben. Also legte er sich nieder auf dem Polster neben dem meinigen, wo er auch bei der Mahlzeit gesessen hatte, und niemand sonst schlief in dem Gemach als wir. Bis hierher nun könnte man die Sache noch unbedenklich jedermann erzählen; das folgende aber würdet ihr wohl nicht von mir hören, wenn nicht zuerst nach dem Sprichwort der Wein mit oder ohne Kinder die Wahrheit redete, und dann auch eine herrliche Tat des Sokrates zu verbergen, wenn man es übernommen hat, ihn zu loben, mir unrecht schien. Auch geht es wie den von der Natter Gebissenen gerade auch mir. Denn man sagt ja, wem dies begegnet sei, der wolle niemandem sagen, wie ihm gewesen, als den ebenfalls Gebissenen, weil diese allein verstehen und verzeihen könnten, was einer auch alles getan und geredet hat vor Schmerz. Also auch ich, der ich noch empfindlicher gebissen bin und am empfindlichsten Ort, wo nur einer kann gebissen werden – denn am Herzen oder an der Seele oder wie man es nennen soll bin ich verwundet von den Reden der Weisheit, die sich an eine junge, nicht unedle Seele, wenn sie sie einmal ergriffen, heftiger als eine Natter ansaugen und sie in Wort und Tat zu allem bringen können –, und da ich hier nur einen Phaidros und Agathon vor mir habe, einen Eryximachos und Pausanias, Aristodemos und Aristophanes, und was soll ich den Sokrates selbst erst nennen und die andern alle, denn ihr seid alle behaftet mit dieser Wut und Schwärmerei der Philosophie: so sollt ihr es auch alle hören; denn ihr werdet Nachsicht haben mit dem, was ich damals tat und jetzt erzähle. Die Diener aber, und wer sonst ungeweiht und ungewandt ist, mögen sich den größten Riegel vor die Ohren schieben.

Als nämlich, ihr Männer, das Licht nun ausgelöscht war und die Diener hinausgegangen, dachte ich, nun dürfte ich nicht länger Umschweife mit ihm machen, sondern gerade heraussagen, wie ich es meinte. Ich stieß ihn also an und sagte: Sokrates, schläfst du? – Nicht recht, sagte er. – Weißt du wohl, was ich gesonnen bin? – Was doch? sprach er. – Du dünkst mich, sagte ich, der einzige unter meinen Liebhabern zu sein, der es wert ist, und mir scheint, als trügst du Bedenken, mit mir davon zu reden. Ich aber, wie ich gesinnt bin, würde es für ganz unvernünftig halten, wenn ich dir nicht auch hierin gefällig sein wollte und in allem, was du irgend sonst von dem Meinigen oder von meinen Freunden brauchst. Denn mir ist ja nichts wichtiger, als daß ich so trefflich werde als nur möglich, und hierzu, glaube ich, kann niemand mir mehr förderlich sein als du. Also würde ich, einem solchen Manne dies nicht zu gewähren, mich weit mehr vor den Vernünftigen schämen als es zu gewähren vor dem großen Haufen der Unvernünftigen. – Als er dies gehört, sagte er ganz spöttisch und recht wie er pflegt: O guter Alkibiades, du scheinst wahrlich gar nicht dumm zu sein, wenn das wahr ist, was du von mir sagst, und es eine Eigenschaft in mir gibt, durch welche du besser werden könntest und dann eine gar wunderbare Schönheit an mir erblicktest, die deine Wohlgestalt um gar vieles übertrifft. Wenn du also, dieses sehend, in Gemeinschaft mit mir treten und Schönheit gegen Schönheit austauschen willst: so gedenkst du ja mich nicht wenig zu übervorteilen und suchst für den bloßen Schein derselben das wahre Wesen der Schönheit zu gewinnen und denkst, in Wahrheit Gold für Kupfer einzutauschen. Aber, du Guter, überlege es nur besser, ob du dich nicht irrst und eigentlich nichts an mir ist. Das Auge des Geistes fängt erst an scharf zu sehen, wenn das leibliche von seiner Schärfe schon verlieren will, und davon bist du noch weit entfernt. – Darauf sagte ich: Von meiner Seite steht es so, und ich habe nichts anders gesagt, als ich es meine. Du aber überlege es nun selbst, wie du es für dich und mich am besten findest. – Ja, sagte er, das war wohl gesprochen, und wir wollen von nun an immer nach reiflicher Überlegung dasjenige tun, was hierin und in allem andern uns beiden das beste scheint. – Nach dieser Rede und Antwort nun, und nachdem ich meine Pfeile sozusagen abgeschossen, glaubte ich ihn doch getroffen zu haben, und ich stand auf, ohne daß ich ihn weiter zu Worte kommen ließ, warf dieses mein Kleid über, denn es war Winter, und legte mich unter seinen Mantel, indem ich mit beiden Armen diesen göttlichen und in Wahrheit ganz wunderbaren Mann umfaßte, und so lag ich die ganze Nacht. Und auch das, Sokrates, wirst du nicht sagen können, daß ich lüge. Und obgleich ich dies alles getan, siegte er so sehr und verachtete und verlachte meine Schönheit und trieb Übermut, wiewohl ich doch glaubte, es wäre etwas damit, ihr Richter – denn Richter seid ihr über des Sokrates Hochmut –, wißt es nur, bei Göttern und Göttinnen, daß, nachdem ich so mit dem Sokrates geschlafen hatte, ich aufstand, ohne etwas weiteres, als wenn ich bei einem Vater oder älteren Bruder gelegen hätte.

Hierauf also, wie meint ihr, daß mir zumute gewesen, der ich mich gekränkt glaubte und doch auch an des Mannes Natur und Besonnenheit und Tapferkeit mich erfreute, da ich einen solchen angetroffen, wie ich nie zu finden geglaubt an Weisheit und Beharrlichkeit, so daß ich weder wußte, wie ich ihm zürnen sollte und mich seinem Umgang entziehen, noch auch, wie ich ihn gewinnen könnte, Rat wußte. Denn das wußte ich wohl, daß er durch Gold noch viel weniger irgendwo verwundbar wäre als Aias durch Eisen, womit ich aber geglaubt hatte, daß er allein könne gefangen werden, dadurch war er mir doch auch entwischt. Ratlos also blieb ich und in der Gewalt des Menschen, wie nie einer in der eines andern gewesen ist. Dies nun war alles früher geschehen, hernach aber machten wir den Feldzug nach Potidaia zusammen und waren dort Tischgenossen. Da nun übertraf er zuerst in Ertragung aller Beschwerden nicht nur mich, sondern alle insgesamt. Denn wenn wir etwa irgendwo abgeschnitten waren und, wie es im Felde wohl geht, hungern mußten: so war das nichts gegen ihn, wie es die andern aushielten. Und auch wenn

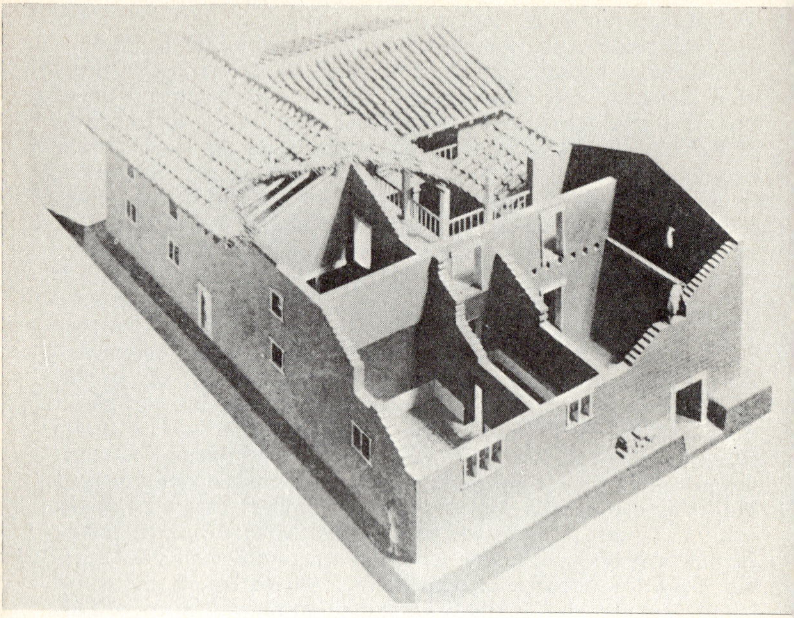

Grundriß und Modell eines vornehmen Hauses

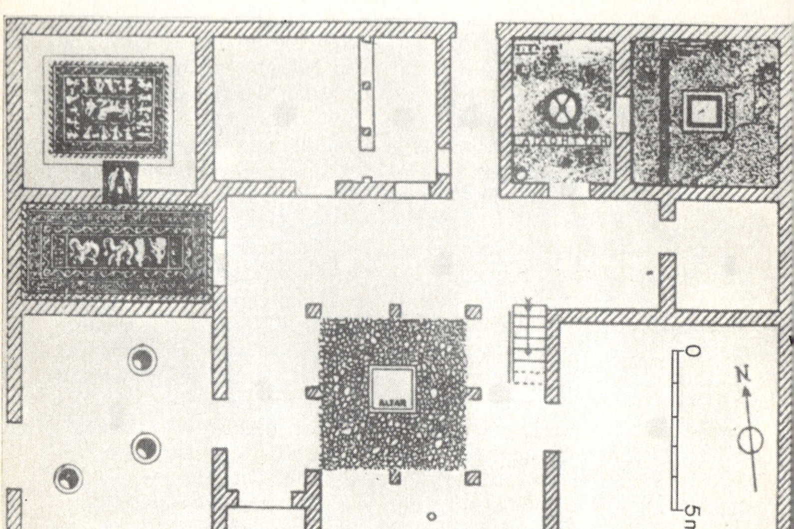

hoch gelebt wurde, verstand er allein zu genießen, auch sonst, zumal aber im Trinken, wiewohl er es immer nicht wollte; wenn er einmal dazu gezwungen wurde, übertraf er alle, und, was das wunderbarste ist, niemand hat irgend jemand den Sokrates trunken gesehen. Hiervon nun, dünkt mich, wird sich auch jetzt gleich der Beweis finden. Im Ertragen der Witterung aber, die Winter sind aber dort furchtbar, trieb er es bewunderungswürdig weit, auch sonst immer, besonders aber einmal, als der Frost so heftig war, wie man sich nur denken kann, und die andern entweder gar nicht hinausgingen oder, wer es etwa tat, wunder wieviel Anzug und Schuhe unterband und die Füße einhüllte in Filz und Pelz: da ging dieser hinaus in ebensolcher Kleidung, wie er sie immer zu tragen pflegt, und ging unbeschuht weit leichter über das Eis hin als die anderen in Schuhen. Die Kriegsmänner sahen ihn auch scheel an, als verachte er sie.

Das wäre nun dieses. ‹Doch wie er jenes vollbracht und bestand, der gewaltige Krieger›, auch damals noch beim Heere, das lohnt wohl der Mühe zu hören. Es war ihm etwas eingefallen, und er stand nachsinnend darüber von morgens an auf einer Stelle, und da es ihm nicht voranging, ließ er nicht nach, sondern blieb immer forschend stehen. Nun wurde es Mittag, und die Leute merkten es und erzählten verwundert einer dem andern, daß Sokrates vom Morgen an über etwas nachsinnend dastände. Endlich, als es Abend war und man gespeist hatte, trugen einige Ionier, denn damals war es Sommer, ihre Schlafdecken hinaus, teils um im Kühlen zu schlafen, teils um auf ihn acht zu geben, ob er auch die Nacht über da stehen bleiben würde. Und er blieb stehen, bis es Morgen ward und die Sonne aufging; dann verrichtete er noch sein Gebet an die Sonne und ging fort. Wollt ihr ihn auch in der Schlacht sehen – denn es ist billig, ihm das auch nachzurühmen. Als nämlich das Gefecht vorfiel, bei welchem mir die Heerführer den Preis zuerkannten, hat mich kein anderer Mensch gerettet als dieser, der mich Verwundeten nicht verlassen wollte und so meine Waffen und mich selbst glücklich mit durchbrachte. Auch drang ich damals darauf, Sokrates, daß die Heerführer dir den Preis erteilen sollten, was du auch weder tadeln wirst noch sagen, daß ich es lüge; allein, wie die Heerführer auf meine Vornehmheit Rücksicht nahmen und mir ihn geben wollten, so warst du noch eifriger darauf als die Heerführer, daß ich ihn erhalten sollte und nicht du selbst. Besonders noch, ihr Männer, war es sehr viel wert, den Sokrates zu sehen, als sich das Heer von Delion fliehend zurückzog. Denn ich war zu Pferde dabei, er aber in schwerer Rüstung zu Fuß. Er zog sich also zurück, erst als das Volk schon ganz zerstreut war, er und Laches. Ich komme dazu und erkenne sie und rede ihnen sogleich zu, guten Mutes zu sein, und sagte, daß ich sie nicht verlassen würde. Da konnte ich nun den Sokrates noch schöner beobachten als bei Potidaia – denn ich selbst war weniger in Furcht, weil ich zu Pferde war –, zuerst, wie weit er den Laches an Fassung übertraf, und dann schien er mir nach deinem Ausdruck, Aristophanes, auch dort einherzugehen ‹stolzierend und stier seitwärts hin werfend die Augen›, ruhig umschauend nach Freunden und Feinden; und jeder mußte es sehen schon ganz von ferne, daß, wenn einer diesen Mann berührte, er sich aufs kräftigste verteidigen würde. Darum kamen sie auch unverletzt davon, er und der andere. Denn meist werden die, welche sich so zeigen, im Kriege gar nicht angetastet, sondern man verfolgt nur die, welche in voller Hast fliehen.

Und viel anderes und Bewundernswürdiges könnte man gewiß noch vom Sokrates rühmen. Allein in andern Bestrebungen kann man wohl leicht auch von anderen dasselbe sagen; wie aber er durchaus keinem Menschen ähnlich ist, weder von alten noch von jetzigen, das ist ganz bewundernswert. Denn wie Achilleus war, so könnte man wohl auch den Brasidas und andere darstellen, und wie Perikles, so den Nestor und Antenor, und so gibt es noch andere, und auf ähnliche Art könnte man Vergleichungen für andere finden; wie aber dieser Mensch in seiner Wunderlichkeit ist, er selbst und seine Reden, so würde einer auch von fern nichts ähnliches finden, weder bei den jetzigen noch bei den Alten, wenn ihn nicht jemand, wie ich eben tue, mit keinem Menschen vergleichen will, sondern mit den Silenen und Satyrn, ihn und seine Reden.

Und dies habe ich gleich zuerst noch übergangen, daß auch seine Reden jenen aufzuschließenden Silenen äußerst ähnlich sind. Denn wenn einer des Sokrates Reden anhören will, so werden sie ihm anfangs ganz lächerlich vorkommen, in solche Worte und Redensarten sind sie äußerlich eingehüllt, wie in das Fell eines frechen Satyrs. Denn von Lasteseln spricht er, von Schmieden und Schustern und Gerbern, und scheint immer auf dieselbe Art nur dasselbe zu sagen, so daß jeder unerfahrene und unverständige Mensch über seine Reden spotten muß. Wenn sie aber einer geöffnet sieht und inwendig hineintritt: so wird er zuerst finden, daß diese Reden allein inwendig Vernunft haben, und dann, daß sie ganz göttlich sind und die schönsten Götterbilder von Tugend in sich enthalten und auf das meiste von dem oder vielmehr auf alles abzwecken, was dem, der gut und edel werden will, zu untersuchen gebührt.

Dies ist es, ihr Männer, was ich am Sokrates lobe, und wiederum auch, was ich tadle, habe ich mit eingemischt und euch gesagt, wie er mich gekränkt hat. Und nicht nur mir hat er solches angetan, sondern auch dem Charmides, dem Sohn des Glaukon, und dem Euthydemos, dem Sohn des Diokles, und gar vielen andern, die er hintergeht, als wäre er ihr Liebhaber, und dann vielmehr sich zum Liebling aufwirft statt Liebhaber. Was ich auch dir vornehmlich sage, Agathon, damit du dich nicht von ihm hintergehen läßt, sondern, durch unsern Schaden klug gemacht, dich hütest und nicht erst nach dem Sprichwort wie ein Kind durch Schaden klug wirst.» («Symposion» 215 a–222 b / II, 243–249.)

SOKRATES IM GESPRÄCH: IRONIE UND APORIE

Die sokratische Ironie und die sokratische Aporie sind umstritten, wie alles umstritten ist, was diesen rätselhaften Mann angeht. Auf der einen Seite steht die berühmte Abhandlung von Kierkegaard über die sokratische Ironie, auf der anderen Seite hat in unseren Zeiten Landmann [25] die sokratische Ironie überhaupt in Zweifel gezogen. Fest steht jedoch, daß das griechische Substantiv EIRONEIA und das dazugehörige Verbum von Platon wiederholt zur Charakterisierung des Sokrates gebraucht wird. Im «Staat» sagt zum Beispiel Trasymachos zu Sokrates:

«Er nun, als er das hörte, lachte sehr spöttisch laut auf und sagte: O Herakles, das ist ja jene bekannte Verstellung des Sokrates! Aber das habe ich auch diesen schon vorhergesagt, daß du gewiß nicht würdest antworten wollen, sondern wieder Rückhalt suchen in der Verstellung und eher alles andere tun als antworten, wenn dich einer fragte.» («Politeia» 337 a / III, 79.)

Hier übersetzt Schleiermacher mit: jene bekannte Verstellung. Heute würden wir wohl lieber übersetzen: die gewohnte Ironie. Auch der «Kratylos» beginnt mit einer Klage über die Ironie des Sokrates:

«Allein wie ich ihn nun weiter frage und gar zu gern wissen will, was er eigentlich meint, erklärt er sich gar nicht deutlich und zieht mich noch auf, wobei er sich das Ansehen gibt, als hielte er etwas bei sich zurück, was er darüber wüßte und wodurch er auch mich, wenn er es nur heraussagen wollte, zum Zugeständnis bringen könnte und zu derselben Meinung wie er.» («Kratylos» 383 b–384 a / II, 126.)

Auch hier übersetzt Schleiermacher wieder ausweichend: «und zieht mich noch auf». Ich würde lieber übersetzen: «und spricht ironisch zu mir».

Die zusammenfassende Charakterisierung des Sokrates als eines Ironikers findet sich in der Lobrede des Alkibiades: «Er hält vielmehr alle diese Dinge für nichts wert und uns für nichts und verstellt sich nur gegen die Menschen und treibt Scherz mit ihnen sein Leben lang.» («Symposion» 216 e / II, 244.)

Auch hier würde ich versuchen, näher am griechischen Text zu bleiben und vielleicht paraphrasieren: «Er meint vielmehr, daß alle diese Dinge nichts wert sind und daß auch wir alle nichts sind – das sage ich euch ganz klar. Nichts als Ironie und nichts als Spiel sein ganzes Leben lang gegen alle Menschen, so lebt er dahin.»

Diese und eine Reihe anderer Stellen belegen eindeutig, daß Platon selbst von der Ironie des Sokrates überzeugt war. Da Ironie ein Verhalten ist, das Platon selbst völlig fremd war, so besteht wiederum kein Zweifel, daß stets Sokrates gemeint ist.

Aber was hat es mit der Ironie des Sokrates auf sich? Schon die Abhandlung Kierkegaards zeigt, wie schwer die Frage zu beantworten ist. Wir wollen versuchen, eine Teilfrage zu klären, die Frage der sokratischen Aporie. Diesen Begriff haben wir bereits von der Stelle im «Theaitetos» ausgehend als das eigentliche Charakteristikum von Sokrates betrachtet, und jetzt wollen wir die Aporie in ihrer konkreten Gestalt betrachten.

Die Aporetik des Sokrates zeigt sich darin, daß die Gespräche kein Ergebnis haben: sie enden in einer Aporie. So schließt auch der «Laches» mit seiner Frage nach der Tapferkeit ergebnislos, und Sokrates sagt ausdrücklich: *Wir haben also nicht gefunden ... was die Tapferkeit ist?*

SOKRATES: *Also etwa ein Drittel der Tapferkeit, o Nikias, hast du uns angegeben in deiner Antwort, obwohl wir doch nach der ganzen Tapferkeit fragten, was sie sei. Und auch jetzt, wie es scheint, ist nach deiner Rede die Erkenntnis nicht nur des Gefährlichen und Unbedenklichen Tapferkeit, sondern überhaupt die Erkenntnis aller Güter und Übel, wie sich auch jedes verhalte, würde, wie jetzt wieder deine Rede lautet, Tapferkeit sein. So wieder umzuändern, o Nikias, oder wie meinst du?*

NIKIAS: Ich denke so, o Sokrates.

SOKRATES: *Dünkt dich denn aber, du Wunderbarer, dem noch irgend etwas von der Tugend zu fehlen, welcher Erkenntnis hätte von allen Gütern in jeder Art, wie sie entstehen und entstehen werden und entstanden sind, und eben so auch von den Übeln? Und derjenige, glaubst du, bedürfe noch irgend der Besonnenheit oder Gerechtigkeit oder Frömmigkeit, welchem allein schon eigen ist, gegen Götter sowohl als Menschen das Gefährliche zu vermeiden und das nicht solche und das Gute ins Werk zu richten, und der also weiß, sich recht gegen sie zu verhalten?*

NIKIAS: Dies scheint mir etwas gesagt zu sein, o Sokrates.

SOKRATES: *Nicht also ein Teil der Tugend wäre das jetzt von dir Beschriebene, sondern die gesamte Tugend?*

NIKIAS: So sieht es aus.

SOKRATES: *Wir aber behaupteten doch, die Tapferkeit wäre nur einer von den Teilen der Tugend.*

NIKIAS: Das behaupteten wir freilich.

SOKRATES: *Das jetzt Beschriebene aber erscheint nicht so.*

NIKIAS: Es sieht nicht so aus.

SOKRATES: *Wir haben also nicht gefunden, o Nikias, was die Tapferkeit ist?*

NIKIAS: Wir scheinen nicht.

LACHES: Ich aber, o lieber Nikias, glaubte gewiß, du werdest sie finden, da du mich so weit übersahst, als ich dem Sokrates antwortete. Gar große Hoffnung hatte ich gewiß, daß vermittels der Weisheit von Damon her du sie finden würdest. («Laches» 199 c–200 a / I, 173–174.)

Dieser Schluß ist charakteristisch für alle sokratischen Gespräche. Sokrates weiß nicht, was die Tapferkeit ist. Die anderen wissen es auch nicht, aber Sokrates ist es, der ihnen erst klarmacht, daß sie es nicht wissen.

Dies Wissen des Nichtwissens nimmt Sokrates ja auch in der «Apologie» als seine eigentliche Einsicht für sich in Anspruch. Aber wie ist das Nichtwissen des Sokrates zu verstehen? Die sokratische Methode ist zu einem allgemeinen Begriff geworden. Sie besteht darin, daß der Lehrer dem Schüler nicht die fertigen Ergebnisse vorträgt, sondern durch Fragen den Schüler dahin führt, die Ergebnisse in einer eigenen Einsicht zu gewinnen. Ein Beispiel einer solchen sokratischen Methode finden wir im «Menon». Ein solches sokratisches Gespräch setzt freilich voraus, daß der Lehrer das Ergebnis kennt. Wäre der «Laches» in diesem Sinne ein sokratisches Gespräch, dann müßte Sokrates wissen, was die Tapferkeit ist, und der Sinn dieses Gesprächs würde darin liegen, daß Sokrates durch sein Fragen den Hörer des Gespräches (und Platon also den Leser des Dialogs) dahin bringt, in eigener Einsicht zu erkennen, was die Tapferkeit ist. So betrachtet, müßte also Sokrates wissen, was die Tapferkeit ist, und der Hörer und Leser kann es erkennen und wird es erkennen. Hier wäre also das Nichtwissen des Sokrates nur ein pädagogischer Kunstgriff, sagen wir lieber, eine pädagogische Methode. Es gibt Darstellungen des Sokrates, die auf einer solchen Auffassung beruhen, ich nenne nur die große Darstellung von Heinrich Meier.

Aber es ist auch eine ganz andere Auffassung möglich. Es könnte doch so sein, daß Sokrates wirklich nicht weiß, was die Tapferkeit ist. Dann ist das Ziel des Gesprächs und des Dialogs, den Hörer und den Leser zu der Erkenntnis zu bringen, daß er zwar geglaubt hat, er wisse, was die Tapferkeit ist, nun aber weiß, daß er es nicht weiß. Ich selbst bin überzeugt, daß die zweite Interpretation die richtige ist. Die Einsicht in das Nichtwissen, das ist es, was Sokrates anstrebte, und sie ist es, die Platon in seiner Darstellung des Sokrates herausarbeiten wollte. Von dieser Auffassung ist auch die vorliegende Darstellung des Sokrates bestimmt. Die systematische Diskussion dieser Auffassung und ihrer Konsequenzen würde freilich über den Rahmen dieser Biographie weit hinausgehen. Der Verfasser kann nur hoffen, daß einige Leser durch diese Schrift dazu ermutigt werden, sich den fundamentalen systematischen Fragen zuzuwenden.

DIE BERICHTE DES ARISTOTELES

Aristoteles gibt im ersten Buch seiner «Metaphysik» eine Geschichte der griechischen Philosophie. Dieses erste Buch definiert in den Kapiteln 1 bis 2 die Aufgabe der Philosophie. In den Kapiteln 3 bis 6 gibt Aristoteles eine Darstellung der Geschichte der griechischen Philosophie, und die Kapitel 7 bis 10 enthalten eine kritische Auseinandersetzung mit ihr. Daß Aristoteles bewußt die historische Entwicklung der griechischen Philosophie schildern will, kann schon deshalb nicht bezweifelt werden, weil diese Darstellung so aufgebaut ist, daß die Aristotelische Philosophie als der Abschluß und als die Vollendung der Entwicklung der griechischen Philosophie auftritt. In freier Form wiedergegeben, sagt Aristoteles: «Sokrates beschäftigte das Tun und Lassen der Menschen, niemals ging es ihm um die Natur im Ganzen. In allen ethischen Fragen aber suchte er nach dem Allgemeinen, und er war es, der als erster sein Denken den festen Abgrenzungen, wir würden heute sagen, den Definitionen zuwandte.» («Metaphysik» 987 b 1–4.)

Zu dieser thematischen Darstellung treten zahlreiche andere Stellen, die Bonitz im Index Aristotelicus S. 741 [26] verzeichnet hat. Von diesen Stellen ziehe ich nur noch drei heran. Aristoteles faßt die Ethik des Sokrates in den Satz zusammen, daß die Tugend Wissen ist (zahlreiche Stellen bei Bonitz). Aristoteles faßt auch die Gespräche des Sokrates methodisch zusammen: er fragte nur, aber er antwortete nicht (183 b 7). Aristoteles spricht schließlich von der Ironie des Sokrates, er bezeichnet ihn ausdrücklich als EIRON (1127 b 25).

Es hängt nun alles davon ab, wie man das Zeugnis des Aristoteles bewertet. Es ist richtig, daß Aristoteles im wesentlichen mit Platon übereinstimmt. Aber es scheint mir verkehrt, daraus den Schluß zu ziehen, daß alles, was Aristoteles sagt, nur eine Wiedergabe des schon von Platon Gesagten darstellt, daß also das Zeugnis des Aristoteles keinen selbständigen Quellenwert besitzt. Eine solche Auffassung scheint mir die historische Situation des Aristoteles zu verkennen. Aristoteles hat 20 Jahre lang von 367 bis 347 der Platonischen Akademie angehört. Wenn er nach Sokrates fragen wollte, so konnte er viele fragen, die Sokrates selber gekannt hatten. In diesen Jahren müssen in Athen noch viele Menschen gelebt haben, die Sokrates noch selbst gesehen und gesprochen hatten, und das Gedächtnis der Menschen war damals besser als heute. Vor allen Dingen war es natürlich Platon selbst, der über sein Verhältnis zu Sokrates die beste Auskunft geben konnte. Aristoteles hatte also für seine Darstellung des Sokrates Quellen zur Verfügung, die heute kein Philosophiehistoriker und kein Altphilologe mehr besitzt. Man muß also das Zeugnis des Aristoteles als eine echte und selbständige Quelle betrachten, man muß die Übereinstimmung mit Platon positiv werten, und man muß schließlich auch die Zeugnisse des Aristophanes und des Xenophon damit in Übereinstimmung zu bringen suchen, was weithin möglich ist, wenn man die sehr verschiedenen Voraussetzungen von Aristophanes und Xenophon in Betracht zieht. Dann ergibt sich, daß die beiden anfangs erwähnten extremen Auffassungen nicht richtig sein können und daß die schon von Schleiermacher geforderte mittlere Position richtig ist, daß man also in den Platonischen Dialogen, wenn ich einmal so sagen darf, zwischen einem sokratischen und einem platonischen Sokrates unterscheiden muß.

Diese Position Schleiermachers ist es, auf der die vorliegende Darstellung beruht. Eine ausführliche Begründung dieser mittleren Position kann nicht die Aufgabe dieser Biographie sein; ich will aber dennoch wenigstens die Grundzüge skizzieren: Es ist unrichtig, zu sagen, daß man von Sokrates überhaupt nichts wissen könne, und es ist gewiß ebenso unrichtig, zu sagen, daß Sokrates – als Philosoph genommen – nur ein Mythos der Sokratiker sei. Im Gegenteil, die Gespräche des Sokrates sind eine der entscheidenden Denkleistungen nicht nur der Geschichte der Philosophie, sondern der Geschichte der Menschheit überhaupt. Die Schwierigkeiten, die bei dem Versuch, die Gestalt des Sokrates zu erfassen, auftreten, sind Schwierigkeiten, die in Sokrates selbst, die in seiner Unergründlichkeit liegen.

Aus dem Zeugnis des Aristoteles ergibt sich aber auch, daß die entgegengesetzte Position nicht richtig sein kann. Ich meine jene Position, die etwa Burnet und Taylor beziehen, wenn sie praktisch alles, was Platon durch Sokrates sagen läßt, als eine Darstellung des historischen Sokrates betrachten. Hier handelt es sich vor allen Dingen um die Ideenlehre. Im «Phaidon» trägt Sokrates die Ideenlehre in aller Form vor, und seine Freunde sind mit dieser Ideenlehre völlig vertraut. Im Gegensatz dazu schreibt Aristoteles die Ideenlehre ausdrücklich dem Platon und nicht dem Sokrates zu. Es erscheint unvorstellbar, daß Aristoteles in dieser für ihn überaus bedeutungsvollen Frage irren könnte. In einer gewissen Weise kann man die gesamte Philosophie des Aristoteles als eine Auseinandersetzung mit der Ideenlehre ansehen. Wie hätte er sich nicht darüber vergewissern sollen, ob diese von Platon oder von Sokrates stammt? Man muß sich also zwischen der Auffassung von Burnet und Taylor auf der einen Seite und der von Aristoteles auf der anderen Seite gerade in der Frage der Ideenlehre entscheiden. Ich entscheide mich für die Auffassung des Aristoteles. Dabei will ich nicht leugnen, daß es überaus schwierig sein wird, die Forderung von Schleiermacher zu erfüllen. Man sieht dies besonders deutlich etwa am «Phaidon». Der «Phaidon» enthält das Gespräch des Sokrates mit seinen Freunden am Todestag. Man wird nicht zweifeln können, daß ein solches Gespräch wirklich stattgefunden hat. Aber alle diese Gespräche des Todestages handeln von der Ideenlehre oder beruhen auf der Ideenlehre. Will man also die Forderung von Schleiermacher erfüllen, dann müßte man sich einen «Phaidon» ohne die Ideenlehre denken können. Ich halte dies für notwendig, aber ich muß offen sagen, daß ich keinen Weg weiß, um dies zu verwirklichen. Allerdings hat bis jetzt auch kein anderer einen Weg angeben können.

Wie groß diese Schwierigkeiten auch immer sein mögen, die vorliegende Biographie läßt sich im wesentlichen von der Darstellung des Aristoteles leiten, sie nimmt dasjenige aus den Platonischen Dialogen, was mit der Darstellung des Aristoteles vereinbar ist, sie schreibt insbesondere die Ideenlehre dem Platon zu, und sie versucht die Darstellungen des Aristophanes und des Xenophon mit dem in dieser Weise durch Aristoteles und Platon bereits Gegebenen zu verbinden. So wird freilich vieles, was in dieser Biographie Sokrates zugeschrieben wird, und ebenso vieles, was weggelassen wird (weil es Platon zugeschrieben wird), nur auf der Vermutung, wenn man so will, auf dem Gefühl des Interpreten beruhen. Aber mehr ist heute nicht zu erreichen und es ist fraglich, ob überhaupt jemals mehr zu erreichen sein wird.

PROZESS, GEFÄNGNIS UND TOD

Romano Guardini hat den Tod des Sokrates in einer eindringlichen Interpretation der vier Dialoge «Euthyphron», «Apologie», «Kriton» und «Phaidon» unter systematischen Gesichtspunkten dargestellt.[27] Damit tritt für unsere Darstellung das biographische Moment in den Vordergrund.

Der «Euthyphron» ist ein echter sokratischer Dialog. Wie bereits erwähnt, trifft Sokrates auf dem Weg zum Gericht den Priester Euthyphron, der seinerseits ebenfalls auf dem Weg zum Gericht ist. Ihr Gespräch wendet sich sofort der Frage zu: Was ist die Frömmigkeit? Echt sokratisch daran ist, daß es sich um ein Gespräch mit einem Sachkenner handelt und daß es ohne Ergebnis ausgeht.

In der «Apologie» hat Platon die Verteidigungsrede des Sokrates dargestellt. Auch Xenophon hat eine Apologie geschrieben, und man wird kaum annehmen können, daß eine der beiden Darstellungen die Reden des Sokrates wörtlich wiedergibt. Allerdings scheint mir Platons Darstellung der Vorzug zu gebühren, denn Platon hat dem Prozeß beigewohnt und also die Reden selbst gehört, während Xenophon zu dieser Zeit in Kleinasien auf dem Feldzug war.

Die Anklage selbst ist von Xenophon in den «Memorabilia» vermutlich im Wortlaut wiedergegeben:

«Sokrates handelt erstens gesetzwidrig, da er nicht an die Götter glaubt, die der Staat anerkennt, sondern andere neue Gottheiten einführt; er handelt zweitens gesetzwidrig, da er die Jünglinge verdirbt.» («Memorabilia» I, 1.)

Bei dieser Anklage haben gewiß politische Momente eine Rolle gespielt; allerdings hat der Prozeß, soweit wir wissen, keine formaljuristischen Mängel gehabt.

Der Ablauf des Prozesses führt zu drei Reden des Sokrates. Zunächst vertreten die Ankläger in zwei Reden ihre Anklage. Dann antwortet Sokrates und verteidigt sich gegen die Anklage. Darauf entscheidet das in diesem Falle aus 500 Richtern bestehende Gericht über schuldig oder unschuldig. Es spricht Sokrates schuldig. Dann muß im zweiten Stadium des Prozesses über das Strafmaß entschieden werden, und der Angeklagte hat das Recht, selbst einen Antrag auf ein bestimmtes Strafmaß zu stellen. Sokrates beantragt zunächst eine Ehrung, nämlich die Speisung im Prytaneum, und dann, wie er selbst sagt, auf Zureden seiner Freunde, eine Geldstrafe von dreißig

Minen, für die die Freunde, unter ihnen Platon, die Bürgschaft leisten werden.

Jetzt hat das Gericht das Strafmaß festzusetzen, es entscheidet auf den Tod. In einer dritten kurzen Rede schließlich spricht Sokrates ein Abschiedswort.

Man wird annehmen dürfen, daß die «Apologie» des Platon diese Reden des Sokrates dem Sinn nach, in nicht wenigen Stücken auch dem Wortlaut nach wiedergibt, und wir haben in dieser Biographie die «Apologie» oft herangezogen. Wie ist diese Verteidigung des Sokrates zu verstehen? Eines ist sicher, Sokrates verteidigt mit Nachdruck die Art und Weise, wie er gelebt und gewirkt hat. Nichts wird ihn davon abbringen, zu leben, wie er immer gelebt hat, auch die Androhung der Todesstrafe nicht. Damit setzt er sich bereits in einen bewußten Gegensatz zu den Richtern und zu der Stadt im ganzen. So verschmäht er auch die üblichen Mittel des Angeklagten, das Betteln um Nachsicht, das Lamento des Weibes und der Kinder. Aber Sokrates geht weiter bis zur offenen Ironie. Daß sein Antrag auf die ehrenvolle Speisung im Prytaneum eine Ironie darstellt, ist ohne Zweifel. Aber auch der Kern seiner Verteidigung gegen die Anklage der Gottlosigkeit, wir haben schon davon gesprochen, enthält ein starkes Maß an Ironie. Warum sagt er nicht einfach: Ich glaube an Apoll und an Athene? Warum sagt er so kompliziert: wenn es göttliche Dinge gibt, so muß es auch Götter geben, denn wenn es Maulesel gibt, so muß es auch Pferde und Esel geben? Für gewöhnlich verwenden Gottesbeweise etwas gehobenere Gedankengänge. So muß man sagen, Sokrates hat bewußt eine Verurteilung auf sich genommen. Er will sein Leben nicht ändern, er wird lieber ein Todesurteil auf sich nehmen. Vielleicht kann man sogar noch einen Schritt weiter gehen und sagen: Sokrates hat es bewußt auf eine Verurteilung angelegt. In einer gewissen Weise wollte er, daß sein Leben durch das Gericht der Athener beurteilt und gerechtfertigt würde. Wenn diese Interpretation der Verteidigungsreden zutrifft, dann muß man allerdings sagen, daß die Geschichte den rätselhaften Entschluß dieses rätselhaften Mannes gerechtfertigt hat. Erst durch seine Verurteilung und erst durch seinen Tod hat Sokrates die unabsehbare geschichtliche Wirkung erreicht.

Der dritte der Todesdialoge, der «Kriton», zeigt diesen alten Freund im Gespräch mit dem Gefangenen, einen Tag vor der Hinrichtung. Jetzt verläuft das Gespräch nicht ergebnislos. Die Freunde wollen, daß Sokrates flieht. Vielleicht haben die Richter bei ihrem Todesurteil dies sogar als selbstverständlich vorausgesetzt, und vielleicht betrachtet die ganze Stadt dies als selbstverständlich. Aber fliehen heißt, so argumentiert Sokrates, sein Leben ändern. Dies will und wird er nicht tun. Er wird eher den Tod auf sich nehmen, als sein Leben ändern. Diesmal endet das Gespräch mit einem festen Ergebnis: Sokrates darf und wird nicht fliehen.

Der «Phaidon» schildert den Todestag des Sokrates. Die Freunde sind am Morgen zu ihm gekommen, um den letzten Tag im Gespräch mit ihrem geliebten Meister zu verbringen, denn am Abend muß Sokrates den Giftbecher trinken. Die Gespräche handeln vom Tod und von der Unsterblichkeit der Seele. Man wird nicht zweifeln können, daß diese Gespräche am letzten Tag stattgefunden und daß sie sich um diese Fragen gedreht haben. Wenn allerdings die Ideenlehre ein untrennbarer Teil dieser Gespräche ist, so entsteht hier ein bisher ungelöstes Problem, auf das ich bereits hingewiesen habe.

Der Abend ist gekommen und damit die Stunde des Giftbechers. Diese letzte Stunde des Sokrates schildert Platon mit der höchsten Kunst und mit der tiefsten Ergriffenheit; wie könnte ein anderer dies besser erzählen:

«Als er dieses gesagt, sprach Kriton: Wohl, o Sokrates! Was aber trägst du diesen oder mir auf deiner Kinder wegen, oder was wir sonst irgend dir noch recht zu Dank machen könnten, wenn wir es täten? – Was ich immer sage, sprach er, o Kriton, nichts Besonderes weiter, daß nämlich, wenn ihr euer selbst recht wahrnehmt, ihr mir und den meinigen und euch selbst alles zu Dank machen werdet, was ihr nur tut, und wenn ihr es auch jetzt nicht versprecht; wenn ihr aber euch selbst vernachlässigt und nicht gleichsam den Spuren des jetzt und sonst schon Gesagten nachgehen wollt im Leben, daß ihr dann, wenn ihr auch jetzt noch so vieles und noch so heilig versprächet, doch nichts weiter damit ausrichten werdet. – Dieses also wollen wir uns bestreben, so zu machen, sagte Kriton. Aber auf welche Weise sollen wir dich begraben? – Wie ihr wollt, sprach er, wenn ihr mich nur wirklich haben werdet und ich euch nicht entwischt bin. Dabei lächelte er still und sagte, indem er uns ansah: Diesen Kriton, ihr Männer, überzeuge ich nicht, daß ich dieser Sokrates bin, der jetzt mit euch redet und euch das Gesagte einzeln vorlegt, sondern er glaubt, ich sei jener, den er nun bald tot sehen wird, und fragt mich deshalb, wie er mich begraben soll. Daß ich aber schon so lange eine große Rede darüber gehalten habe, daß, wenn ich den Trank genommen habe, ich dann nicht länger bei euch bleiben, sondern fortgehen werde zu irgendwelchen Herrlichkeiten der Seligen, das, meint er wohl, sage ich alles nur so, um euch zu beruhigen und mich mit. So legt ihr denn eine Bürgschaft für mich ein beim Kriton, und zwar eine ganz entgegengesetzte, als er bei den Richtern eingelegt hat. Denn er hat sich verbürgt, ich würde ganz gewiß bleiben, ihr aber verbürgt euch dafür, daß ich ganz gewiß nicht bleiben werde, wenn ich tot bin, sondern mich davonmachen und fort sein, damit Kriton es leichter trage, und, wenn er meinen Leib verbrennen oder begraben sieht, sich nicht ereifere meinetwegen, als ob mir Arges begegne; und damit er nicht beim Begräbnis sage, er stelle den Sokrates aus oder trage ihn heraus oder begrabe ihn. Denn wisse nur, sagte er, o bester Kriton, sich unschön ausdrücken ist nicht nur eben insofern fehlerhaft, sondern bildet auch etwas Böses ein in die Seele. Sondern du mußt mutig sein und sagen, daß du meinen Leib begräbst, und diesen begrabe nur, wie es dir eben recht ist und wie du es am meisten für schicklich hältst.

Dieses gesagt, stand er auf und ging in ein Gemach, um zu baden, und Kriton begleitete ihn, uns aber hieß er dableiben. Wir blieben also und redeten untereinander über das Gesagte und überdachten es noch einmal; dann aber auch klagten wir wieder über das Unglück, welches uns getroffen hätte, ganz darüber einig, daß wir nun gleichsam des Vaters beraubt als Waisen das übrige Leben hinbringen würden. Nachdem er nun gebadet und man seine Kinder zu ihm gebracht hatte – er hatte nämlich zwei kleine Söhne und einen größern – und die ihm angehörigen Frauen gekommen waren, sprach er mit ihnen in Kritons Beisein, und nachdem er ihnen aufgetragen, was er wollte, hieß er die Weiber und Kinder wieder gehen, er aber kam zu uns. Und es war schon nahe am Untergange der Sonne, denn er war lange drinnen geblieben. – Als er nun gekommen war, setzte er sich nieder nach dem Bade und hatte noch nicht viel seitdem gesprochen, so kam der Diener der Elfmänner, stellte sich zu ihm und sagte: O Sokrates, über dich werde ich mich nicht zu beklagen haben, wie über andere, daß sie mir böse werden und mir fluchen, wenn ich ihnen ansage, das Gift zu trinken auf Befehl der Oberen. Dich aber habe ich auch schon sonst in dieser Zeit erkannt als den edelsten, sanftmütigsten und trefflichsten von allen, die sich jemals hier befunden haben, und auch jetzt weiß ich sicher, daß du nicht mir böse sein wirst, denn du weißt wohl, wer schuld daran ist, sondern jenen. Nun also, denn du weißt wohl, was ich dir zu sagen gekommen bin, lebe wohl, und suche so leicht als möglich zu tragen, was nicht zu ändern ist. Da weinte er, wendete sich um und ging. –

Sokrates aber sah ihm nach und sprach: Auch du lebe wohl, und wir wollen so tun. Und zu uns sagte er: Wie fein der Mensch ist. So ist er die ganze Zeit mit mir umgegangen, hat sich bisweilen mit mir unterredet und war der beste Mensch; und nun, wie aufrichtig beweint er mich! Aber wohlan denn, o Kriton, laßt uns ihm gehorchen, und bringe einer den Trank, wenn er schon ausgepreßt ist, wo nicht, so soll ihn der Mensch bereiten. – Da sagte Kriton: Aber mich dünkt, o Sokrates, die Sonne scheint noch an die Berge und ist noch nicht untergegangen. Und ich weiß, daß auch andere erst ganz spät getrunken haben, nachdem es ihnen angesagt worden ist, und haben noch gut gegessen und getrunken, ja einige haben gar noch Schöne zu sich kommen lassen, nach denen sie Verlangen hatten. Also übereile dich nicht; denn es hat noch Zeit. – Da sagte Sokrates: Gar recht, o Kriton, hatten jene, so zu tun, wie du sagst – denn sie meinten etwas zu gewinnen, wenn sie so täten –, und gar recht habe auch ich, nicht so zu tun. Denn ich meine nichts zu gewinnen, wenn ich um ein weniges später trinke, als nur, daß ich mir selbst lächerlich vorkommen würde, wenn ich am Leben klebte und sparen wollte, wo nichts mehr ist. Also geh, sprach er, folge mir und tue nicht anders. –

Darauf winkte denn Kriton dem Knaben, der ihm zunächst stand, und der Knabe ging heraus, und nachdem er eine Weile weggeblieben, kam er und führte den herein, der ihm den Trank reichen sollte, welchen er schon zubereitet im Becher brachte. – Als nun Sokrates den Menschen sah, sprach er: Wohl, Bester, denn du verstehst es ja, wie muß man es machen? – Nichts weiter, sagte er, als wenn du getrunken hast, herumgehen, bis dir die Schenkel schwer werden, und dann dich niederlegen, so wird es schon wirken. Damit reichte er dem Sokrates den Becher, und dieser nahm ihn, und ganz getrost, o Echekrates, ohne im mindesten zu zittern oder Farbe oder Gesichtszüge zu verändern, sondern, wie er pflegte, ganz gerade den Menschen ansehend, fragte er ihn: Was meinst du von dem Trank wegen einer Spendung? Darf man eine machen oder nicht? – Wir bereiten nur soviel, o Sokrates, antwortete er, als wir glauben, daß hinreichend sein wird. – Ich verstehe, sagte Sokrates. Beten aber darf man doch zu den Göttern und muß es, daß die Wanderung von hier dorthin glücklich sein möge, worum denn auch ich hiermit bete, und so möge es geschehen. Und wie er dies gesagt, setzte er an, und ganz frisch und unverdrossen trank er aus. Und von uns waren die meisten bis dahin ziemlich imstande gewesen sich zu halten, daß sie nicht weinten; als wir aber sahen, daß er trank und getrunken hatte, nicht mehr. Sondern auch mir selbst flossen Tränen mit Gewalt, und nicht tropfenweise, so daß ich mich verhüllen mußte und mich ausweinen, nicht über ihn jedoch, sondern über mein eigenes Schicksal, was für eines Freundes ich nun sollte beraubt werden. Kriton war noch eher als ich, weil er nicht vermochte die Tränen zurückzuhalten, aufgestanden. Apollodoros aber hatte schon früher nicht aufgehört zu weinen, und nun brach er völlig aus, weinend und unwillig sich gebärdend, und es war keiner, den er nicht durch sein Weinen erschüttert hätte, von allen Anwesenden als nur Sokrates selbst. Der aber sagte: Was macht ihr doch, ihr wunderbaren Leute! Ich habe vorzüglich deswegen die Weiber weggeschickt, daß sie dergleichen nicht begehen möchten; denn ich habe immer gehört, man müsse stille sein, wenn einer stirbt. Also haltet euch ruhig und wakker. Als wir das hörten, schämten wir uns und hielten inne mit Weinen. Er aber ging umher, und als er merkte, daß ihm die Schenkel schwer wurden, legte er sich gerade hin auf den Rücken, denn so hatte es ihm der Mensch geheißen. Darauf berührte ihn eben dieser, der ihm das Gift gegeben hatte, von Zeit zu Zeit und untersuchte seine Füße und Schenkel. Dann drückte er ihm den Fuß stark und fragte, ob er es fühle; er sagte nein. Und darauf die Knie, und so ging er immer höher hinauf und zeigte uns, wie er erkaltete und erstarrte. Darauf berührte er ihn noch einmal und sagte, wenn ihm das bis ans Herz käme, dann würde er hin sein. Als ihm nun schon der Unterleib fast ganz kalt war, da enthüllte er sich, denn er lag verhüllt und sagte, und das waren seine letzten Worte: O Kriton, wir sind dem Asklepios einen Hahn schuldig, entrichtet ihm den, und versäumt es ja nicht. – Das soll geschehen, sagte Kriton, sieh aber zu, ob du noch sonst etwas zu sagen hast. Als Kriton dies fragte, antwortete er aber nichts mehr, sondern bald darauf zuckte er, und

Athen: Blick auf die heutige Akropolis

Akropolis: Erechtheion mit Korenhalle

der Mensch deckte ihn auf; da waren seine Augen gebrochen. Als Kriton das sah, schloß er ihm Mund und Augen.

Dies, o Echekrates, war das Ende unseres Freundes, des Mannes, der unserm Urteil nach von den damaligen, mit denen wir es versucht haben, der trefflichste war, und auch sonst der vernünftigste und gerechteste.» («Phaidon» 115 b–118 a / III, 63–66.)

DOKUMENTE DER WIRKUNG: HEGEL UND NIETZSCHE

Diese Biographie kann nicht die geistesgeschichtliche Wirkung des Sokrates in ihrer Gesamtheit entfalten. Wir müssen uns damit begnügen, sie an drei Höhepunkten aufzusuchen. Das große Dreigestirn der griechischen Philosophie, Sokrates, Platon und Aristoteles, wird durch ihn eröffnet und wäre ohne ihn nicht möglich gewesen. Mit Recht hat Raffael in seinem berühmten Fresko diese drei als zentrale Figuren der griechischen Philosophie dargestellt. So hat alles, was auf diesem Höhepunkt der griechischen Philosophie geschieht, in Sokrates seinen Anfang und seinen Ursprung. Wir sehen heute klarer, was der eigentliche Ertrag dieser griechischen Philosophie ist: die Idee der Wissenschaft als Wissenschaft. Bertrand Russell hat einmal in einem Rundfunkvortrag die Frage gestellt, was der wesentliche Beitrag Europas zur geistigen Entwicklung der Menschheit ist. Er sagt mit Recht, Religion gibt es überall, nicht nur in Europa. Kunst gibt es überall, nicht nur in Europa. Es ist die Idee der Wissenschaft, die Europa der Welt gebracht hat. Platon und Aristoteles sind es gewesen, die die Idee der Wissenschaft als Wissenschaft entwickelt haben, und es ist ohne Zweifel Sokrates gewesen, der mit seinen bis dahin unerhörten Fragen nach dem: was ist dies? und mit seinem bis dahin unerhörten Forschen nach der logischen Begründung jeder Aussage diesen Weg eröffnet hat. Diese Leistung wird dadurch nicht geschmälert, daß Sokrates, soweit ich sehen kann, die Wissenschaft als solche nicht selbst gewollt hat. Sokrates' unablässiges Drängen auf den Logos bedeutet einen Wendepunkt in der Geschichte der Menschheit. Wie man ihn wertet, hängt freilich davon ab, wie man die Wissenschaft und wie man den Logos als solchen wertet. Betrachtet man den Gang des Denkens in Wissenschaft und Logos als einen Gang in die Irre – dies hat der späte Nietzsche getan und dies tut in unserer Zeit der späte Heidegger –, dann wird Sokrates zum Ursprung des Irrwegs und des Niedergangs. Ist man überzeugt, daß die Wissenschaft und der Logos eine der größten Möglichkeiten des Menschen bergen – und dies haben Platon und Aristoteles, dies haben Descartes, Leibniz, Kant, Hegel und Whitehead getan –, dann wird Sokrates der Ursprung und der Beginn einer der größten Möglichkeiten des Menschen.

Wir heben als Höhepunkte der geschichtlichen Wirksamkeit Pla-

Aristoteles. Wien, Kunsthistorisches Museum

ton, Hegel und Nietzsche heraus. Wie immer man sich in dem Problem des historischen Sokrates entscheidet: Platons Selbstverständnis ist eindeutig. Platon rühmt in den Schlußworten des «Phaidon» Sokrates als den trefflichsten, als den vernünftigsten, als den gerechtesten. Wenn Schleiermacher übersetzt hat: als den vernünftigsten, so könnte man ebensogut übersetzen: als den klügsten, und ebensogut: als den weisesten. Aber das griechische, hier stehende Wort faßt die Bedeutungen dieser drei deutschen Worte zusammen.

Wenn unsere an Schleiermacher sich anschließende Interpretation richtig ist, dann läßt Platon insbesondere im «Phaidon» die Ideenlehre zwar durch Sokrates aussprechen, und dennoch gehört die

Ideenlehre nicht Sokrates zu, sondern sie ist die philosophische Entdeckung Platons. Gleichwohl hat Platon ein Recht, die Ideenlehre durch Sokrates aussprechen zu lassen. Nach Platons Überzeugung hat die Ideenlehre das zum Ausdruck gebracht, was Sokrates eigentlich hatte sagen wollen, und es scheint mir klar, daß diese Überzeugung und diese Selbstinterpretation Platons richtig sind.

Hegel betrachtet Sokrates als eines der entscheidenden Ereignisse in der Weltgeschichte. Dabei stellt Hegel zunächst ganz unbekümmert die Frage, ob Sokrates mit Recht verurteilt worden ist, und bejaht diese Frage: «Sokrates hat dem richterlichen Ausspruch sein Gewissen entgegengesetzt, sich vor dem Tribunal seines Gewissens freigesprochen. Aber kein Volk, am wenigsten ein freies Volk, und von dieser Freiheit, als das atheniensische Volk, hat ein Tribunal des Gewissens anzuerkennen ... Denn Volk ist hier Regierung, Gericht, das Allgemeine. Und das erste Princip eines Staates überhaupt ist, daß es keine höhere Vernunft, Gewissen, Rechtschaffenheit, wie man will, giebt, als das, was der Staat für Recht erkennt. Quäker, Wiedertäufer u.s.f., die bestimmten Rechten des Staates, der Verteidigung des Vaterlandes sich widersetzen, können in einem wahren Staate nicht stattfinden ... Das Volk von Athen hat das Recht seines Gesetzes, seiner Sitte gegen diesen Angriff, gegen diese Verletzung des Sokrates behauptet.» («Geschichte der Philosophie» II, 117.)

Aber dieser Zusammenstoß zwischen Sokrates und Athen ist für Hegel ein geschichtliches Ereignis, und nur ein solches Ereignis ist für Hegel ein geschichtliches, in dem beide Seiten recht haben. Deshalb fährt Hegel unmittelbar fort: «Aber Sokrates ist ebensosehr der Heros, der das Recht, das absolute Recht des seiner selbst gewissen Geistes, des sich entscheidenden Bewußtseins in sich hat» (a. a. O. II, 117).

So stellt sich für Hegel die Aufgabe, dies geschichtliche Recht des Sokrates herauszuarbeiten. In diesem Sinne schreibt Hegel einleitend: «Er ist nicht nur eine höchst wichtige Figur in der Geschichte der Philosophie – die interessanteste in der Philosophie des Altertums – sondern er ist welthistorische Person. Er ist Hauptwendepunkt des Geistes in sich selbst» (a. a. O. II, 42).

Die geschichtliche Bedeutung des Sokrates sieht Hegel darin, daß hier zum erstenmal in der Geschichte des Geistes das Individuum sein eigenes Recht erkennt. Was gut ist, das muß jeder selbst vor seinem eigenen Gewissen ausmachen und rechtfertigen: «An die Stelle dieses allgemeinen einigen Geistes tritt der einzelne Geist, die sich entscheidende Individualität. Indem nun so das Besondere, das Gesetzliche dem Bewußtsein wankend gemacht wird: so ist das Subjekt das Bestimmende, das Entscheidende» (a. a. O. II, 93). In einer anderen Formulierung verbindet Hegel Sokrates mit der modernen Zeit: «Es gehört der modernen Zeit an, daß wir dafür stehen wollen, was wir tun» (a. a. O. II, 97). So kann dann Hegel abschließend sagen, daß Sokrates «der große geschichtliche Wendepunkt ist» (a. a. O. II, 121). Nun ist zwar die Interpretation Hegels in erster

Linie auf das Ethische bezogen, während wir in erster Linie das Methodische, das Logische als solches betrachtet haben. In der geschichtlichen Bedeutung des Sokrates kommen beide Interpretationen zu demselben Ergebnis.

Nicht weniger wichtig ist auch das Verhältnis Nietzsches zu Sokrates. Hier ist es besonders interessant, zu sehen, wie die Stellung Nietzsches zu Sokrates sich ändert. Man kann sagen, daß in den frühen Schriften Zustimmung und Ablehnung sich die Waage halten. In ihnen erscheint Sokrates auf der einen Seite als der Zerstörer des alten griechischen Lebens, auf der anderen Seite als der große Wegbereiter einer neuen Möglichkeit, der Wissenschaft. Besonders deutlich wird diese zweifache Haltung in der «Geburt der Tragödie». In dieser frühen Schrift betont Nietzsche auf der einen Seite mit allem Nachdruck die negativen Tendenzen in Sokrates: «Auch Euripides war in gewissem Sinne nur Maske: die Gottheit, die aus ihm redete, war nicht Dionysos, auch nicht Apollo, sondern ein ganz neu-

Hegel. Stich von Sichling nach Sebbers

geborner Dämon, genannt Sokrates. Dies ist der neue Gegensatz: das Dionysische und das Sokratische, und das Kunstwerk der griechischen Tragödie ging an ihm zugrunde.» (I, 86) Diese Ablehnung des Sokrates faßt Nietzsche in feierlich-beschwörender Weise zusammen: «Dies ist die ungeheure Bedenklichkeit, die uns jedesmal, angesichts des Sokrates, ergreift, und die uns immer wieder anreizt, Sinn und Absicht dieser fragwürdigsten Erscheinung des Altertums zu erkennen. Wer ist das, der es wagen darf, als ein Einzelner das griechische Wesen zu verneinen, das als Homer, Pindar und Aischylos, als Phidias, als Perikles, als Pythia und als Dionysos als der tiefste Abgrund und die höchste Höhe unserer staunenden Anbetung gewiß ist? Welche dämonische Kraft ist es, die diesen Zaubertrunk in den Staub zu schütten sich erkühnen darf? Welcher Halbgott ist es, dem der Geisterchor der Edelsten der Menschheit zurufen muß: ‹Weh! Weh! Du hast sie zerstört, die schöne Welt, mit mächtiger Faust; sie stürzt, sie zerfällt.›» (I, 94)

Aber Nietzsche sieht hier durchaus, daß Sokrates nicht nur als negative Macht begriffen werden darf: «Haben wir also sogar schon vor Sokrates wirkende antidionysische Tendenzen anzunehmen, die nur in ihm einen unerhört großartigen Ausdruck gewinnen, so müssen wir nicht vor der Frage zurückschrecken, wohin denn eine Erscheinung wie die des Sokrates deutet: die wir doch nicht imstande sind, angesichts der platonischen Dialoge als eine nur auflösende, negative Macht zu begreifen.» (I, 101) So kommt Nietzsche über die negierende Ablehnung hinaus, er kommt fast mit derselben dithyrambischen Form zu einer bejahenden Anerkennung: «Schauen wir jetzt, mit der Fackel dieses Gedankens auf Sokrates hin: so erscheint er uns als der erste, der an der Hand jenes Instinktes der Wissenschaft nicht nur leben, sondern – was bei weitem mehr ist – auch sterben konnte, und deshalb ist das Bild des sterbenden Sokrates als des durch Wissen und Gründe der Todesfurcht enthobenen Menschen das Wappenschild, das über dem Eingangstor der Wissenschaft einen jeden an deren Bestimmung erinnert, nämlich das Dasein als begreiflich und damit als gerechtfertigt erscheinen zu lassen; wozu freilich, wenn die Gründe nicht reichen, schließlich auch der Mythus dienen muß, den ich sogar als notwendige Konsequenz, ja als Absicht der Wissenschaft soeben bezeichnete.» (I, 106)

Sokrates, das Wappenschild über dem Eingangstor der Wissenschaft, dies ist eine der glanzvollsten und, meiner Überzeugung nach, eine der richtigsten Charakterisierungen, die man jemals für Sokrates gefunden hat. So kann man in der «Geburt der Tragödie», dieser frühen Schrift Nietzsches, von einem Gleichgewicht zwischen Ablehnung und Zustimmung sprechen. In den späteren Jahren wird die Zustimmung immer schwächer und die Ablehnung immer schärfer. Die Ablehnung wird eindeutig in der «Götzendämmerung». Dort erscheint ein besonderer Abschnitt unter dem Titel: «Das Problem des Sokrates». Aus der «Geburt der Tragödie» ist jetzt nur noch die Ablehnung geblieben: «Mir selbst ist diese Un-

Nietzsche. Fotografie, 1887

erbietigkeit, daß die großen Weisen Niedergangs-Typen sind, zuerst gerade in einem Fall aufgegangen, wo ihr am stärksten das gelehrte Vorurteil entgegensteht: ich erkannte Sokrates und Plato als Verfallssymptome, als Werkzeuge der griechischen Auflösung, als pseudogriechisch, als antigriechisch.» (VIII, 68) Nach einem ausdrücklichen Rückverweis auf die «Geburt der Tragödie» wird Sokrates in diesem Abschnitt der «Götzendämmerung» als die Dekadenz schlechthin interpretiert.

Auch im «Willen zur Macht», dem unvollendet nachgelassenen Werk, greift Nietzsche ausschließlich auf die negativen Tendenzen in der «Geburt der Tragödie» zurück: «Das Andre ist das Verständnis des Sokratismus: Sokrates als Werkzeug der griechischen Auflösung, als typischer *décadent* zum ersten Male erkannt. ‹Vernünftigkeit› gegen Instinkt. Die ‹Vernünftigkeit› um jeden Preis als gefährliche, als leben-untergrabende Gewalt –» (XV, 62) Diese jetzt ausschließlich negative Stellung zu Sokrates wird in immer schärferen Ausdrükken formuliert: «Was bedeutet nun die Reaktion des Sokrates ... Es bedeutet exakt die Auflösung der griechischen Instinkte, als man die Beweisbarkeit als Voraussetzung der persönlichen Tüchtigkeit in der Tugend voranstellte. Es sind selbst Typen der Auflösung, alle diese großen ‹Tugendhaften› und Wortemacher.» (XV, 458) Immer mehr versteht Nietzsche seine Beziehung zu Sokrates als einen Kampf gegen Sokrates, und so scheut er denn auch nicht vor der härtesten Formulierung zurück: «Sokrates ist ein Moment der tiefsten Perversität in der Geschichte der Werte.» (XV, 459)

Wie soll man diese Diskrepanz in der Auseinandersetzung Nietzsches mit Sokrates verstehen? Wenn Nietzsche den Sokrates als den Vernichter der griechischen Kunst, als den Vernichter des guten alten griechischen Lebens bekämpfen, ja entlarven will, so müssen wir ihm die Frage entgegenstellen, ob nicht das gute alte griechische Leben bereits vergangen und das, was Sokrates stürzte, bereits gefallen war. So dürfte es auch im Verhältnis zur griechischen Kunst, insbesondere im Verhältnis zur griechischen Tragödie liegen. Es mag immerhin sein, daß – mit den Augen Nietzsches gesehen – die Tragödien des Euripides gegen die des Aischylos bereits ein Niedergang waren. Es mag immerhin sein, daß die alten Anekdoten über das Verhältnis zwischen Sokrates und Euripides einen historischen Kern haben. Aber es steht noch dahin, ob die Entwicklung von Aischylos zu Euripides so negativ zu beurteilen ist, wie Nietzsche dies tut. Auf jeden Fall ist Sokrates jedoch nicht der Urheber, sondern, wenn überhaupt, der Vollstrecker dieser Entwicklung. Es bleibt bedauerlich, daß Nietzsche in den späteren Jahren nur noch an einen Kampf gegen Sokrates denkt, an einen Kampf, der sich bis zum Haß gesteigert hat. Aber dieser Kampf gegen Sokrates hat ja seine Ursache darin, daß Nietzsche die auf den Logos gegründete Wissenschaft überhaupt ablehnt. Sieht man den Logos und die Wissenschaft positiv, dann erscheint Nietzsches Stellungnahme in der «Geburt der Tragödie», als er noch beide Seiten gegeneinander abzuwägen weiß, als die bei weitem bessere. Ich glaube daher, daß man nicht den haßerfüllten Kampf der späteren Jahre, sondern die abwägende Haltung der «Geburt der Tragödie» als die sachgegründete Auffassung Nietzsches betrachten sollte. Wie immer man sich hier auch entscheiden mag, eines wird deutlich: die weltgeschichtliche Bedeutung, die Sokrates für Nietzsche immer hat, es sei im guten, es sei im bösen Sinne. Ich darf wiederholen: meiner Überzeugung nach ist das glanzvolle Bild, das Nietzsche in der «Geburt der Tragödie» gibt, eine der schönsten, eine der wichtigsten und eine der wahrsten Aussagen über Sokrates: Die Gestalt des Sokrates als das Wappenschild über dem Eingangstor der Wissenschaft.

Will man nun versuchen, die Bedeutung des Sokrates für unsere Zeit zu verstehen, dann muß man freilich einen Schritt über das Biographische hinaus tun und eine systematische Würdigung anstreben. Die Voraussetzungen dafür sind die Interpretationen, die Hegel und Nietzsche gegeben haben: Sokrates ist ein weltgeschichtliches Ereignis, und Sokrates ist das Wappenschild über dem Eingangstor zur Wissenschaft. Sokrates hat die Bedeutung und die Tragweite des Logos entdeckt, und auf dem von ihm eröffneten Weg weitergehend, haben Platon und Aristoteles die Idee der Wissenschaft gefunden. Hier hängt nun wieder alles davon ab, dies hat Nietzsche klar gesehen, wie man den Weg Europas und wie man den Weg der Welt in die Wissenschaft beurteilt. Es kann kein Zweifel sein, daß die Wissenschaft eine der größten Möglichkeiten und eine der größten Wirklichkeiten des Menschen geworden ist. Auf der anderen Seite aber beginnen wir langsam die tiefe Bedenklichkeit der Wissenschaft zu erkennen. Für die alte Forderung: Machet euch die Erde untertan, ist sie das wichtigste Instrument geworden. Aber sie hat dem Menschen eine solche Macht in die Hand gegeben, und sie wird ihm immer mehr Macht in die Hand geben, so daß man daran zweifeln kann, ob der Mensch Einsicht genug besitzt, um diese unerhörte Macht mit Weisheit und Mäßigung zu brauchen. Aber dieser schweren und unleugbaren Bedenken ungeachtet bin ich überzeugt, daß die Menschheit den Weg der Wissenschaft nicht aufgeben darf, daß sie ihn weitergehen muß und daß sie ihn weitergehen wird. Sokrates war es, der diesen Weg der Menschheit eröffnet hat, mag dieser Weg sich nun als das größte Unheil der Menschheit erweisen oder ihr größtes Glück.

Blicken wir von hier aus auf Sokrates zurück, so erscheinen seine Fragen und seine Forderung in einem neuen Licht. Er fragte unaufhörlich: Was ist die Tapferkeit? Was ist die Frömmigkeit? Was ist die Gerechtigkeit? Er forderte unaufhörlich, jede gegebene Antwort zu begründen. Aristoteles hat Recht, wenn er sagt, Sokrates antwortete nicht, er fragte nur. Auf die Frage: was ist die Gerechtigkeit? konnte Sokrates eine Antwort nicht geben. Dennoch fragte er unablässig: was ist die Gerechtigkeit? Was ist das Gute? Dennoch prüfte er unablässig jede gegebene Antwort. So besteht das Vermächtnis des Sokrates für uns darin, unablässig zu fragen: Was ist das Wahre? Was ist das Gute? und unablässig jede gegebene Antwort zu prüfen. Diese Aufgabe stellt sich für uns im Sinne des Sokrates auch dann, wenn wir uns in seinem Sinne darüber klar sind, daß auf diese Fragen eine definitive und absolut zureichende Antwort nicht gegeben werden kann. Auch dann und gerade dann bleiben die unergründlichen Fragen des unergründlichen Mannes die Aufgabe: Was ist das Wahre? Was ist das Gute?

NACHWORT

Die sokratische Frage – die Frage also, ob ein glaubhaftes Bild des historischen Sokrates gegeben werden kann – ist unter den Sachkennern strittig und wird vermutlich immer strittig bleiben. So kann man nur eines tun: die Voraussetzungen angeben, unter denen man arbeitet, und dies habe ich auch auf den Seiten 7 f, 8 f und 129 f getan. Darüber hinaus darf ich eine spezielle Beobachtung herausstellen. Ich habe viele Jahrzehnte um das Bild des Sokrates gerungen, allerdings fast ausschließlich von systematischen Fragen her. Bei der Arbeit an der vorliegenden Monographie habe ich gesehen, daß Sokrates in der Platonischen Darstellung aufs engste mit dem Leben Athens verbunden ist – eingebettet in eine gemeinsame Existenz mit den Staatsmännern, Künstlern und Handwerkern der Stadt. Diese Einbettung ist so intensiv, daß sie kein Zufall sein kann, sondern eine Absicht Platons darstellen muß. Nun stimmt dieser Sachverhalt auf das Beste überein mit dem Ziel der Reihe, der diese Biographie angehört, und so erschien es mir richtig, die Biographie intensiv auf diesen Zusammenhang des Sokrates mit Athen auszurichten.

Die Biographie wäre nicht möglich gewesen ohne die vielfältige Hilfe meiner Kollegen und ihrer Institute. Mein besonderer Dank gilt Ernst Kirsten, dem Ordinarius für historische Geographie an der Universität Bonn, der mir durch unermüdlichen Rat und großzügige Überlassung neuen Materials unschätzbare Hilfe geleistet hat. Derselbe Dank gilt auch meiner Frau für ihre rege Mitarbeit beim Beschaffen der Bilddokumente.

Bonn, im Oktober 1966 Gottfried Martin

ANMERKUNGEN

1 V. de Magalhaes-Vilhena: Le Problème de Socrate. Paris 1952

2 O. Gigon: Sokrates. Bern 1947

3 J. Burnet: Greek Philosophy. 5. Aufl. London 1932

4 A. E. Taylor: Socrates. 4. Aufl. London 1951

5 Gesamtausgabe der Werke Schleiermachers. Dritte Abth., 2. Bd. (Berlin 1838), S. 293 f

6 G. M. A. Richter: The Portraits of the Greeks. Bd. I. London 1965

7 Diogenes Laertios: Leben und Meinungen berühmter Philosophen. Leipzig 1921

8 Xenophon: Memorabilien. München 1960

9 G. Giannantoni: La Pritaneiea de Socrate nel 406 A. C. In: Riv. Crit. di Filosofia 12 (1962), p. 1 f

10 I. Kant: Gesammelte Schriften. Berlin 1900 f. Bd. 2. S. 369 f

11 Platon: Nomoi 738 b / VI, 115 f

12 A. E. Taylor a. a. O., p. 34

13 Plutarch: WW. Paris 1846 f

14 G. M. A. Richter a. a. O., p. 154 (Dagegen B. Ehlers: Eine vorplatonische Deutung des sokratischen Eros. München 1966. S. 27)

15 Anthologia lyrica. 1925

16 Aesop: Fabeln (Übers. Binder). 1866

17 W. Schmid: Das Sokratesbild der Wolken. In: Philologus 97 (1948), S. 209 f

18 H. Erbse: Sokrates im Schatten der aristophanischen Wolken. In: Hermes 82 (1954), S. 385 f

19 Aristophanes: Die Wolken. Stuttgart 1963. S. 220 f, 345 f

20 D. B. Thompson: The House of Simon the Shoemaker. In: Archaeology 4 (1960), p. 234 f

21 Aelian: WW. (Übers. Wunderlich). 1839

22 G. Martin: Einleitung in die allgemeine Metaphysik. Stuttgart 1965 [Mit freundlicher Erlaubnis des Reclam-Vlg.]

23 Hesiod: Werke und Tage V, 336

24 Aristophanes a. a. O., S. 487 f

25 S. Kierkegaard: Der Begriff der Ironie mit ständiger Rücksicht auf Sokrates. München 1929

26 H. Bonitz: Index Aristotelicus. Berlin 1861

27 R. Guardini: Der Tod des Sokrates. Hamburg 1957 (rde. 27)

ZEITTAFEL

ca. 470 Sokrates geboren (Platon: «Apologie» 17 d)
Zu dieser Zeit befand sich Athen noch im Krieg mit Persien (Perserkriege 500–448), es war Führungsmacht des Attisch-Delischen Seebundes (gegründet 477).

443–429 In der Zeit der fünfzehnjährigen Strategie des Perikles (geb. ca. 500, gest. 429) wird Athen zur unbestrittenen Führungsmacht in kulturellen Dingen in Griechenland.
Rege Bautätigkeit in Athen (z. B. Akropolis). Die Tragödie erreicht nach der großen Anfangsphase des Aischylos (525–455) ihren Höhepunkt in Sophokles (496–406) und Euripides (480–406). Das Interesse des Sokrates für die Tragödien des Euripides ist bezeugt. (Bezeichnende Anekdote bei Diogenes Laertios II, 33 über Sokrates' Verhalten bei Euripides' «Elektra» Vs. 379.) Die Komödie für uns nur noch faßbar in dem etwas jüngeren Aristophanes (450–385). Platon zeigt Aristophanes im Gespräch mit Sokrates im «Symposion». Athen wird von fast allen Persönlichkeiten des Geisteslebens besucht, so von Herodot, Hippokrates u. a. m. Es besitzt eine besondere Anziehungskraft für Philosophen, die sich manchmal längere Zeit dort aufgehalten haben (so Anaxagoras, Protagoras, Hippias u. a. m.). Bezeichnend für das Interesse einzelner Kreise in Athen für die philosophischen Strömungen ist neben dem Staatsmann Perikles vor allem ein Mann wie Kallias (ca. 450–370), in dessen Haus der Platonische Dialog «Protagoras» spielt.

441–440 (?) Ion von Chios (Frag. 11 Blumenth.) berichtet über einen Aufenthalt des Sokrates in Samos und seinem dortigen Verkehr mit dem Anaxagoras-Schüler Archelaos. Diese Reise läßt sich vielleicht durch Teilnahme des Sokrates an der militärischen Expedition Athens gegen Samos erklären.
In dieser Zeit mag Sokrates in Beziehung gestanden haben mit der älteren Generation seiner sog. Schüler: Eukleides von Megara (ca. 450–380), Antisthenes (450–365), Aristippos von Kyrene (435–365), Aischines von Sphettos (?–n. 366). Eine Reaktion auf die Abwendung von der überlieferten Religion durch den Kreis um Perikles stellen eine Reihe von Prozessen dar, die zwischen

437–431 stattfinden. In sie sind verwickelt: Anaxagoras, der Bildhauer Pheidias und Aspasia, die Hetäre, später Gattin des Perikles.

431–404 Peloponnesischer Krieg.
Sokrates nimmt als Hoplit an folgenden Kampfhandlungen teil (vgl. Platon: «Apologie» 28 e):

431–429 Belagerung von Potidaia (Platon: «Symposion» 220 e, «Laches» 219 e, «Charmides» 153 a), wo er dem Alkibiades das Leben rettet («Symposion» 220 d). (Hierzu bei Diogenes Laertios II, 22 eine bedenkliche Variante. Dort ist es Xenophon, dem das Leben gerettet wird!)

424 Schlacht bei Delion («Symposion» 220 e, «Laches» 181 a) und

422	Schlacht bei Amphipolis (Diogenes Laertios II, 22, 23).
428	Aufführung von Euripides' «Hippolytos».
423	Aufführung von Aristophanes' «Die Wolken».
418 f	Alkibiades steht auf dem Höhepunkt seiner Macht (über sein Verhältnis zu Sokrates vgl. «Symposion»).
	Er veranlaßt Athen
415–413	zur sizilischen Expedition, wird aber schon 415 gestürzt und aus Athen verbannt.
416	Tragödiensieg des Agathon. Platon beschreibt später das anläßlich dieses Sieges veranstaltete Symposion.
	In den späteren Kriegsjahren muß der Umgang mit seinen jüngeren Schülern Platon (427–347) und Xenophon (ca. 430–354) begonnen haben. Xenophon berät sich ca. 402 mit Sokrates über seine Teilnahme an der Anabasis des jüngeren Kyros (Xenophon Anab. III, 1, 5).
406	Zur Zeit des Seesieges der Athener bei den Arginusen und des darauf stattfindenden Prozesses gegen die athenischen Feldherren ist Sokrates Prytane (Ratsherr, so Platon «Apologie» 32 b, Xenophon: Hell. 1, 7, 15), nach Xenophon Mem. I, 1, 18 Vorsitzender der Volksversammlung. Er widersetzt sich vergeblich einem ungesetzlichen Volksbeschluß.
404	Athen kapituliert. Gegen ungesetzliche Maßnahmen der folgenden Regierung der Dreißig Tyrannen leistet Sokrates Widerstand (Platon: «Apologie» 32 c), nach der Restauration der Demokratie (403) kommt es
399	zum Prozeß gegen Sokrates und zu seiner Hinrichtung.
392 (?)	Die fingierte Anklagerede des Polykrates.

ZEUGNISSE

Immanuel Kant

Sokrates sagte, er habe durch vieles Forschen gefunden, daß er noch nichts weiß. Dieser tiefsinnige Ausspruch ist von seichten Köpfen herum geworfen, ohne daß sie ihn eingesehen. Es gehört sehr viel dazu, seine Unwissenheit zu wissen. Es gibt zwei Arten des Bewußtseins der Unwissenheit

1. indem man sich an den Gegensätzen mißt und dadurch sieht, daß man sie nicht kennt

2. oder materialiter indem man die Gegenstände selbst nicht kennt. Aber einzusehen, daß unser Wissen nichts sey; das ist scientifisch. Die Grenzen seiner Erkenntnis, den Umfang derselben einzusehen, und dadurch erkennen, daß ich nichts weiß; das ist sehr tiefe Philosophie. *Logik. Ein Handbuch zu Vorlesungen. 1800*

Werner Jaeger

Sokrates ist eine der unvergänglichen Gestalten, die Symbol geworden sind... Sokrates wurde der Führer aller modernen Aufklärung und Philosophie; der Apostel der sittlichen Freiheit, die, von keinem Dogma und keiner Tradition gebunden, ganz auf sich selber stand und nur dem Spruch der inneren Stimme des Gewissens gehorchte; der Künder der neuen Diesseitsreligion und einer im Leben selbst durch innere Kraft zu erringenden Glückseligkeit, die nicht auf Gnade gegründet war, sondern auf unablässiges Streben nach Vervollkommnung des eignen Wesens. Doch mit solchen Formeln ist nicht zu erschöpfen, was er den Jahrhunderten seit dem Ausgang des Mittelalters bedeutet hat. Kein neuer ethischer oder religiöser Gedanke kam auf, keine geistige Bewegung konnte sich entfalten, ohne sich auf ihn zu berufen. *Paideia. 1944*

Karl Jaspers

Jeder bewahrt nach dem Studium der Überlieferung ein Bild des Sokrates. In allem Schwebenden der Möglichkeiten, trotz Wissens der Ungewißheit setzt sich ein Bild des Sokrates fest, das wir für wirklich halten und nicht für fingierende Dichtung. Wenn Sokrates am Maßstab eindeutiger realer Anschaulichkeit verborgen scheint, so steht doch seine menschliche Gestalt, sein hinreißendes Wesen unumgehbar vor Augen. Es ist gar nicht möglich, sich kein Bild vom historischen Sokrates zu machen. Mehr als das: Sokrates vor Augen zu haben, ist eine der unerläßlichen Voraussetzungen unseres Philosophierens. Vielleicht darf man sagen: Kein Philosophieren heute ohne Sokrates, und sei er nur als ein blasser Schimmer aus ferner Vergangenheit fühlbar! Wie einer Sokrates erfährt, bewirkt einen Grundzug seines Denkens. *Die großen Philosophen. 1957*

BIBLIOGRAPHIE

1. Handbücher – Bibliographische Hilfsmittel

Als Auswahlbibliographie ist nützlich:
GIGON, O.: Antike Philosophie. Bern 1948 (Bibliographische Einführungen in das Studium der Philosophie. 5)
Die laufende Bibliographie ist zu entnehmen den Bänden des
L'Année philologique, Paris 1928 f
Die ältere Literatur ist in den folgenden Handbüchern verarbeitet:
ZELLER, E.: Die Philosophie der Griechen in ihrer geschichtlichen Entwicklung. T. 1–3. Hildesheim 1963 [Neudruck der 4.–6. Auflage 1919–1922]. [Über Sokrates darin T. 2, Abt. 1, S. 44–191, die beste Zusammenfassung der älteren Anschauungen, wegen der Quellen und Literaturangaben unentbehrlich. Zellers Werk wird durch die folgenden Arbeiten ergänzt:]
WINDELBAND, W.: Geschichte der abendländischen Philosophie im Altertum. 4. Aufl. München 1923
ÜBERWEG, F.: Grundriß der Geschichte der Philosophie T. 1. 12. Aufl. Hg. von K. PRAECHTER. Berlin 1926. [Darin § 31 S. 129–150 über Sokrates die ausführlichste Bibliographie.]
STENZEL, J.: Sokrates (Philosoph) in: Pauly-Wissowas Realencyclopädie der classischen Altertumswissenschaft. 2. Reihe, 5. Halbband Sp. 811–890. Stuttgart 1927
SCHMID, W., und O. STÄHLIN: Geschichte der Griechischen Literatur T. 1, Bd. 3, 1. H., S. 217–280. München 1940 [Das Sokratesbild ist zu stark von Xenophon abhängig, als Material- und Literatursammlung nicht zu entbehren.]
LESKY, A.: Geschichte der griechischen Literatur. 2. Aufl. Bern und München 1963 [Über Sokrates dort auf S. 537–549 die beste gegenwärtige Zusammenfassung mit Berücksichtigung der neuesten Literatur.]

2. Quellen

a) Zeitgenössische Berührungen

Zu Euripides:
Hierzu vgl. B. SNELL: Das früheste Zeugnis über Sokrates. In: Philologus 97 (1948), S. 125 f [Bezieht sich auf Euripides' Hippolytos Vs. 377 und die anderen Stellen.]
Euripides zu zitieren nach:
Euripides. Fabulae rec. G. MURRAY. T. 1–3. Oxford 1902 f
Übersetzung: Euripides Werke von J. DONNER. 2 Bde. Stuttgart 1958
Zu Ion von Chios:
I. erwähnt Sokrates in seinem Epidemiai (frg. 11) in: A. v. BLUMENTHAL: Ion von Chios. 1939
Zu Aristophanes:
A. erwähnt außer in «Die Wolken» durchgängig den Sokrates auch in «Die Vögel» Vs. 1555 und «Die Frösche» Vs. 1491. Die maßgebliche Ausgabe des Aristophanes ist die von V. COULON in der Collection Budé in 5 Bänden herausgegebene (Paris 1923–1930 f)
Übersetzung aller Komödien von L. SEEGER, hg. v. O. WEINREICH. (2 Bde. Zürich 1952/53 [Bibliothek der Alten Welt].) Viele Übersetzungen einzelner Stücke, darunter besonders praktisch

Aristophanes. Die Wolken. Übertragen von O. Seel. Stuttgart 1963 (Reclams Universalbibliothek)

Aus der Diskussion des sehr kontroversen Komplexes Sokrates/Aristophanes sei genannt:

Erbse, H.: Sokrates im Schatten der aristophanischen Wolken. In: Hermes 82 (1954), S. 385 f

Gelzer, Th.: Aristophanes und sein Sokrates. In: Museum Helveticum 13 (1956), S. 65 f

Mesnard, P.: La vérité transcendentale du Socrate d'Aristophane. Paris 1956 (Mélanges de philosoph Grecque offerts à A. Diès. p. 181 f)

Schmid, W.: Das Sokratesbild der Wolken. In: Philologus 97 (1948), S. 209 f

Stark, R.: Sokratisches in den Vögeln des Aristophanes. In: Rheinisches Museum 96 (1953), S. 77 f

b) Platon

Die maßgebliche griechische Textausgabe ist:

Plato Opera. Ed. J. Burnet. T. 1–5. Oxford 1900 f

Die antiken Scholien zu Platon sind enthalten in:

Platonis Dialogi. Ed. C. F. Hermann. Leipzig 1856 f. Vol. VI, p. 145 f

Noch nicht ersetzt ist der lückenhafte Index zu Platon:

Ast, Fr.: Lexicon Platonicum. Bd. 1. 2. Leipzig 1825 f

Übersetzung

Klassisch ist die deutsche Übersetzung von Schleiermacher, die – oft aufgelegt – am bequemsten zugänglich ist in:

Platon. Sämtliche Werke. In der Übersetzung von Fr. Schleiermacher, hg. von W. F. Otto u. a. Bd. 1–6. Hamburg 1957 f (Rowohlts Klassiker. 1/1a. 14. 27/27a. 39/39a. 47. 54/54 a)

Eine neue Übersetzung von O. Gigon u. a. erscheint in der Bibliothek der Alten Welt. Daraus für das Sokrates-Problem besonders wichtig:

Plato. Die Werke des Aufstiegs. Zürich 1948 f

Plato. Frühdialoge. Zürich 1960

Zu Platon wird man heranziehen:

Wilamowitz-Moellendorf, U. von: Platon. Bd. 1–2. Berlin 1920 f [Trotz Mängeln in der Interpretation des philosophischen Gehaltes die beste Biographie Platons.]

Friedländer, P.: Platon. Bd. 1–3. Berlin 1928 f [Eine gehaltvolle Deutung des Platonischen Werkes.]

Hoffmann, E.: Platon. Eine Einführung in sein Philosophieren. Zürich 1950 – Neuausg. Reinbek 1961 (rowohlts deutsche enzyklopädie. 142)

Für die Interpretation der Platonischen Sokrates-Konzeption ist wichtig:

Guardini, R.: Der Tod des Sokrates. Düsseldorf und München 1943 f – Neuausg. Hamburg 1956 (rowohlts deutsche enzyklopädie. 27)

Weitere Literatur zu Platon in:

Gigon, O.: Platon. Bern 1950 (Bibliographische Einführungen in das Studium der Philosophie. 12)

und in den oben genannten Gesamtdarstellungen zur griechischen Philosophie- und Literaturgeschichte

c) Xenophon

Von den Schriften Xenophons sind außer gelegentlichen Erwähnungen in den historischen Schriften wichtig für Sokrates:

Von wem ist die Rede, außer von Geld?

Der Reichtum einiger . . .

... beweist nur, daß andere auch reich werden können. Das schrieb ein Mann, ein Selfmademan, der aus einfachsten Verhältnissen wenn nicht zu Reichtum so doch zu höchsten Ämtern aufstieg.

Er wurde in einem Hinterwäldlerhäuschen in Kentucky geboren, im selben Jahr, als James Madison Präsident der USA wurde. Vater und Mutter waren Analphabeten, er selbst ging nur etwa ein Jahr lang zur Schule. Als er mündig wurde, konnte er gerade lesen, schreiben und Dreisatz rechnen. Zeitlebens verschmähte er denn auch schwere geistige Kost.

Im Alter von 21 Jahren verließ er die Farm seiner Eltern, ließ sich in New Salem nieder und war abwechselnd Krämer, Postmeister und Verwalter. Nach einem kurzen Zwischenspiel als Soldat wollte er Hufschmied werden. Nebenbei hatte er politische Ambitionen. Er ließ sich als Parlamentskandidat aufstellen, fiel aber bei der Wahl durch. Als Autodidakt brachte er sich Grammatik und Mathematik bei und studierte Gesetzbücher so gut, daß er mit 27 Jahren das Anwaltsexamen bestand.

In der Hauptstadt von Illinois trat er verschiedenen Anwaltsbüros bei. Mit 35 verdiente er bereits mehr als der Gouverneur des Staates: bis zu 1 500 Dollar jährlich. Ihm gelangen spektakuläre Erfolge, z. B. der Freispruch eines des Mordes Verdächtigen; außerdem verhinderte er einmal den Abbruch einer Brücke über den Mississippi. Sein höchstes Honorar als Anwalt erhielt er von einer Eisenbahngesellschaft: 5 000 Dollar. Mit 45 Jahren war er einer der erfolgreichsten Anwälte von Illinois.

Er betätigte sich in dieser Zeit auch politisch und unterstützte die Nominierung Taylors als Präsident, wovon er sich einen öffentlichen Posten erhoffte, den er dann doch nicht bekam. Das schien das Ende seiner öffentlichen Laufbahn zu sein. Doch mit 51 ließ er sich einen Bart wachsen, hatte politischen Erfolg und löste damit einen Krieg aus. Zur gleichen Zeit wurde seine Frau heftig angegriffen: Sie wurde geisteskrank, verschleuderte das Geld und wurde exzessiv eifersüchtig.

Er starb, nachdem an einem Karfreitag ein John W. Booth in einem Theater auf ihn geschossen hatte.

Wer war's? (Alphabetische Lösung: 12–9–14–3–15–12–14)

Die Memorabilien, die Apologie, der Oikonomikos, das Symposion.
Der Originaltext ist am besten greifbar in:
Xenophon. Opera. Ed. E. C. MARCHANT. Vol. 1–5. Oxford 1900–1920
Der Wortindex zu X. von:
STURZ, F. G.: Lexikon Xenophonteum. Bd. 1–4. Leipzig 1801 f
ist trotz seiner Mängel nicht zu entbehren.
Als Kommentar ist am wichtigsten:
GIGON, O.: Kommentar zu Xenophons Memorabilien. Buch I u. II. Basel 1953–1956
Für X. liegen viele Übersetzungen vor. Es seien genannt:
Xenophon. Die sokratischen Schriften. Hg. von E. BUX. Stuttgart 1956
Xenophon, Memorabilien. Übertragen von P. M. LASKOWSKY. München 1960 (Goldmanns gelbe Taschenbücher)
Xenophon. Das Gastmahl. Übertragen, Nachwort, Anmerkungen und Bibliographie von G. P. LANDMANN. Hamburg 1957 (Rowohlts Klassiker. 7)
Die Diskussion um die Gültigkeit des xenophontischen Sokrates-Bildes eröffnete:
JOEL, K.: Der echte und der xenophontische Sokrates. 3 Bde. Berlin 1893–1901
Die ganze Frage ist aufgearbeitet bei:
EDELSTEIN, E.: Xenophontisches und platonisches Bild des Sokrates. Heidelberg-Berlin 1935 [Diss.]

d) Sonstige Sokratiker

Für die Fragmente des Antisthenes und Aristippos liegt eine neue Sammlung nicht vor, für sie ist man noch angewiesen auf Mullach. Fragm. Phil. Gr. Paris 1864

e) Ein Sonderproblem ist Polykrates' fingierte (spätere) Anklagerede gegen Sokrates

Die Fragmente und Zeugnisse in:
Oratores Attici. Ed. J. BAITER und H. SAUPPE. 9 Fasc. Zürich 1838–1850
Hierzu vgl. man:
HUMBERT, J.: Polycrates, l'accusation de Socrate et le «Gorgias». Paris 1930
GEBHARDT, E.: Polykrates' Anklage gegen Sokrates. Frankfurt a. M. 1957 [Diss.]
An die Rede des Polykrates knüpfen sich zahlreiche Gegenschriften der Sokratiker an, wovon sich manches in der entstehenden Sokrates-Legende festgesetzt hat. Dies ist nicht ganz ohne Interesse für das Platonische Sokrates-Bild, wie:
DUPRÉEL, E.: La légende socratique et les sources de Platon. Bruxelles 1922, zeigt.

f) Aristoteles

Einen eigenen Beitrag zu den Sokrates-Quellen lieferten auch einige Stellen bei Aristoteles. Sie stehen nicht immer im Einklang mit der sonstigen Tradition. (Vgl. besonders Aristoteles Metaphysik M 4, 1078 b 27). Aristoteles muß zitiert werden nach:
Aristotelis Opera. Ed. I. BEKKER. Vol. 1–5. Berlin 1831–1870
Der 5. Band dieser Ausgabe enthält den Index von:

H. Bonitz: Index Aristotelicus. Berlin 1861
Übersetzung:
Trotz einzelner Bedenken muß auf die seit 1947 von P. Gohlke herausgegebene einzige deutsche Gesamtübersetzung verwiesen werden. (Aristoteles. Lehrschriften. Paderborn 1948 f)
Für Aristoteles' Stellung zu Sokrates sehr wichtig:
Deman, Th.: Le témoingnage d'Aristote de Socrate. Paris 1942
Chroust, A. H.: Socrates in the light of the aristotelian testimony. In: New Scholasticism 26 (1952), S. 327 f
Gigon, O.: Die Sokratesdoxographie bei Aristoteles. In: Museum Helveticum 16 (1959), S. 174 f

g) Diogenes Laertios

Die Masse der Traditionen über Sokrates ist eingegangen in das Sammelwerk des D. L. (2. Jh. n. Chr.). Hierfür liegt der Text vor in:

Diogenes Laertious. De clarorum philosophorum vitis. Ed. H. S. Long. T. 1. 2. Oxford 1964 (Übersetzung von O. Apelt. Leipzig 1921)

3. Ausgewählte Titel zu Sokrates

Almberg, N.: Kring Sokrates personlighet. Lund 1948
Angelopoulos, E.: Aristophane et ses idées sur Socrate. Athen 1933
Banfi, A.: Socrate. 2. Aufl. Mailand 1944
Birt, Th.: Sokrates der Athener. Leipzig 1918
Brecht, F. J.: Sokratische Dialektik. In: Neue Jahrbücher für Wissenschaft und Jugendbildung 11 (1935), S. 30 f
Busse, A.: Sokrates. Berlin 1914
Chroust, A. H.: Socrates, man and myths. London 1957
Cornford, F. M.: Before and after Socrates. Cambridge 1932
Deman, Th.: Socrate et Jésus. Paris 1944
Dienelt, K.: Das Porträt des Sokrates. In: Gymnasium 62 (1955), S. 206 f
Eibl, H.: Delphi und Sokrates. Salzburg 1949
Fascher, E.: Sokrates und Christus. Leipzig 1959
Festugière, A. J.: Socrate. Paris 1934
Field, G. C.: Socrates and Plato. London 1913
Gigon, O.: Sokrates. Sein Bild in Dichtung und Geschichte. Bern 1947
Godel, R.: Socrate e Diotime. In: Bull. de l'Association G. Budé, Paris 1954
Godley, A. L.: Socrates and the Athenian Society in his days. London 1896
Gomperz, H.: Die sokratische Frage als geschichtliches Problem. In: Historische Zeitschrift 1924, S. 377–423
Gomperz, H.: Sokrates' Haltung vor seinen Richtern. In: Wiener Studien 54 (1936), S. 32 f
Grassi, E.: Il problema della metafisica platonica. Bari 1932
Kierkegaard, S.: Der Begriff der Ironie mit ständiger Rücksicht auf Sokrates. München 1929
Kranz, W.: Die Frömmigkeit des Sokrates. In: Theologische Studien und Kritiken 108 (1937), S. 265 f
Kraus, R.: The private and public life of Socrates. New York 1940
Kuhn, H.: Sokrates. Ein Versuch über den Ursprung der Metaphysik. Berlin 1934
Labriola, G.: Socrate. Bari 1909
Lasson, A.: Sokrates und die Sophisten. Berlin 1909

NACHTRAG

1. Bibliographische Hilfsmittel

FERGUSON, JOHN: Socrates. A sourcebook. London 1970
PERLS, HUGO: Lexikon der Platonischen Begriffe. Bern–München 1973
MAC KIRAHAN, RICHARD: Plato and Socrates. A comp. bibliography 1958–1973. New York 1978

2. Gesamtdarstellungen

KUHN, HELMUT: Sokrates. München 1959
NEBEL, GERHARD: Sokrates. Stuttgart 1969
LEIDER, KURT: Sokrates. Hamburg 1970
SCHMALZRIEDT, E.: Sokrates. In: Enzyklopädie. Die Großen der Weltgeschichte I. Zürich 1971. S. 542–553
BIRNBAUM, WALTER: Sokrates. Urbild abendl. Denkens. Göttingen 1973 (Persönlichkeit und Geschichte. 81)
TOMAN, JOSEF: Sokrates: Biographie. München 1979
LEIST, F.: Moses, Sokrates, Jesus. Frankfurt a. M. 1959
DE MAGALHAES-VILHENA, V.: Le problème de Socrate. Paris 1952
Socrate et la légende Platonicienne. Paris 1952
MAIER, H.: Sokrates. Sein Werk und seine geschichtliche Stellung. Tübingen 1913
NATORP, P.: Über Sokrates. In: Philosophische Monatshefte, Bd. 30 (1894), S. 337 f
NESTLE, W.: Vom Mythos zum Logos. 2. Aufl. Stuttgart 1942
NOHL, H.: Sokrates und die Ethik. Leipzig 1904
NORVIN, W.: Sokrates. Kopenhagen 1933
PHILIPSON, C.: The trial of Socrates. London 1928
PIAT, C.: Socrate. Paris 1900
PICARD, CH.: Zeus, Aristophane et Socrate. In: Rev. d. Et. grecques 51 (1938), S. 60 f
PILGER, A.: Sokrates in der Kunst der Neuzeit. In: Antike 14 (1938), S. 281 f
PLATZECK, E. W.: Von der Analogie zum Syllogismus. Paderborn 1954
RITTER, C.: Sokrates. Tübingen 1931
SCHLEIERMACHER, F.: Über den Werth des Sokrates als Philosophen. In: Sämtliche Werke. Berlin 1938. 3. Abt. 2. Bd. S. 287–308
SCHREMPF, CHR.: Sokrates. 3. Aufl. Stuttgart 1955
SPRANGER, E.: Hegel über Sokrates. Sitz. Ber. Pr. Akad. 1938, S. 284 f
STENZEL, J.: Studien zur Entwicklung der platonischen Dialektik von Sokrates zu Aristoteles. 2. Aufl. Breslau 1931
TAROZZI, G.: Socrate. Rom 1932
TAYLOR, A. E.: Socrates. London 1935
TOVAR, A.: Vida de Sócrates. Madrid 1947
TREVE, J.: L'Évangelie de Socrate. Paris 1935
WALDENFELS, B.: Das sokratische Fragen. Meisenheim 1961
WOLF, E.: Griechisches Rechtsdenken. Bd. 3, 1. Rechtsphilosophie der Sokratik und Rechtsdichtung der alten Komödie. Frankfurt a. M. 1954
ZUBIRI, X.: Sócrates y la Sabiduria Griega. Madrid 1940

LEHMANN-LEANDER, ERNST RAIMUND: Sokrates und die Vorsokratiker. Wiesbaden 1960
RABBOW, PAUL: Paidagogia. Die Grundlegung abendl. Erziehungskunst in der Sokratik. Göttingen 1960
SAMSON, B.: Der Prozeß Sokrates. In: Aktuelle Probleme aus dem Gesellschaftsrecht u. anderen Rechtsgebieten. Berlin 1960
SCHOTTLAENDER, R.: Sokratischer und Sophokleischer Apollinismus. In: Festschrift Kurt Badt zum 70. Geburtstag. Hg. von M. GOSEBRUCK. Berlin 1961
LICHTENSTEIN, E.: Sokrates, das Bild des Erziehers. In: Pädagogische Rundschau 16/1962, S. 339–345
VERSÉNYI, LASZLO: Socratic Humanism. New Haven 1963
BOEHM, BENNO: Sokrates im 18. Jahrhundert. Neumünster 1966 (Kieler Studien zur deutschen Literaturgeschichte. 4)
PANNWITZ, RUDOLF: Gilgamesch, Sokrates, Titanentum und Humanismus. Stuttgart 1966
SANDVOSS, ERNST: Sokrates und Nietzsche. Leiden 1966
SEIBERT, C.: Der Prozeß des Sokrates. In: Monatsschrift f. deutsches Recht 20/1966, S. 295
THOMAS, WILL: Die drei großen Prozesse: Sokrates, Jesus, Galilei. Krefeld 1966
DETTELBACH, HANS VON: Von Sokrates bis Sartre. Graz–Wien–Köln 1968
GULLEY, NORMAN: The philosophy of Socrates. London 1968
NAUMANN, H.: Die Gestalt des Sokrates und ihre Wirkung auf die Weltliteratur. In: Der altsprachliche Unterricht 12/1969, S. 64–103
SCHMIDT, HERMANN JOSEPH: Nietzsche und Sokrates. Meisenheim 1969
FUNKE, H.: Sokrates und Nietzsche. In: Philosophische Rundschau 17/1970, S. 49–56
PICHT, G.: Die Ironie des Sokrates. In: Probleme biblischer Theologie. Festschr. G. v. Rad z. 70. Geb. München 1971
ROGERS, ARTHUR KENYON: The Socratic problem. New York 1971
The philosophy of Socrates. A coll. of critical essays. Compl. by GREGORY VLASTOS. Garden City 1971
BETZ, HANS DIETER: Der Apostel Paulus und die sokratische Tradition. Tübingen 1972 (Beiträge zur historischen Theologie. 45)
BODER, WERNER: Die sokratische Ironie in den platonischen Frühdialogen. Amsterdam 1973 (Studien zur antiken Philosophie. 3)
JASPERS, KARL: Die maßgebenden Menschen: Sokrates, Buddha, Konfuzius, Jesus. München 1975
DÖRING, KLAUS: Exemplum socratis: Studien zur Sokratesnachwirkung in der kynisch-stoischen Popularphilosophie. Wiesbaden 1979

NAMENREGISTER

Die kursiv gesetzten Zahlen bezeichnen die Abbildungen

QUELLENNACHWEIS DER ABBILDUNGEN

British Museum, London: Umschlag-Vorderseite / Ullstein-Bilderdienst, Berlin: 6, 55, 99, 137 unten / Rowohlt-Archiv: 10, 16, 39, 47, 76, 84, 97, 114, 139, 143 / Gisela M. A. Richter, The Portraits of the Greeks, 2 Bde. (Phaidon Press, London 1965): 12, 56, 64, 72, 73, 74 / Historia Photo, Bad Sachsa: 13, 23, 58, 59 / Moritz Schwab: 15 / Heckler, Bildnisse berühmter Griechen (Verlag Florian Kupferberg, Berlin und Mainz 1962): 17 / Griechenlandkunde. Von Ernst Kirsten und Wilhelm Kraiker (Heidelberg 1962): 21, 27 oben, 42, 43 / The Athenian Agora. A Guide to the Excaration and Museum (American School of Classical Studies at Athen o. O. 1962): 26 / Classical Studies at Athen o. O. 1962: 26 unten / Archäologisches Institut der Universität Bonn: 28, 51, 62, 105, 108, 120, 124 oben u. unten / Prof. Gottfried Martin: 32, 35 / Photo Renate Tölle: 37 / Staatsbibliothek Berlin, Bildarchiv Handke: 61 / Karl Schefold, Griechische Dichterbildnisse (Zürich 1965): 69 / Photo Dr. F. Stuedtner, Berlin: 77, 81 / Ernst Buschor, Griechische Vasen (München 1940): 78, 79 / Pots and Pans of Classical Athen (American School of Classical Studies of Athen, Princeton/New Jersey, o. J.): 86 oben und unten, 87 / Archaeology. A Magazine dealing with the Antiquity of the World (New York): 90 oben und unten, 91 oben und unten, 92 / Prof. Ernst Kirsten: 112/113, 118, 137 oben / Gerhart Rodenwaldt, Die Kunst der Antike – Hellas und Rom (Propyläen-Verlag, Berlin 1927): 116 / Deutscher Kunstverlag: 145 / Archiv für Kunst und Geschichte: 141 / Akropolis-Museum, Athen: Umschlag-Rückseite